中国科学传播报告（2023）

2023（ANNUAL）REPORT ON SCIENCE COMMUNICATION IN CHINA

中国科学传播报告编写组

科 学 出 版 社
北 京

内 容 简 介

本书是关于2022～2023年度中国科学传播发展状况的研究报告，对中国报纸、期刊、图书、广播、电视、互联网、社交媒介、智能媒体、电影、展览、科普活动、科普政策、科普理论、科学教育等方面的科学传播情况进行了全面的综述和评价，概括主要发展特点，指出存在的问题，对中国科学传播事业发展予以展望并提出若干建议。本书是编写组第三次编撰的关于中国科学传播的年度报告，内容丰富、观点鲜明、视角新颖、资料翔实，对中国科学传播现状进行了客观分析和深度解读，同时附录2022～2023年度中国科学传播大事记，是一份富有创新性和学术价值的专题研究报告。

本书适合科技工作者、科普工作者、企业管理人员、传媒从业人员及社会大众阅读，同时适合党政机关和科研机构管理干部及高等院校相关专业师生参考使用。

图书在版编目（CIP）数据

中国科学传播报告. 2023 / 中国科学传播报告编写组编著. —北京：科学出版社，2024.10

ISBN 978-7-03-078060-7

Ⅰ. ①中… Ⅱ. ①中… Ⅲ. ①科学技术-传播-研究报告-中国-2023 Ⅳ. ①G219.2

中国国家版本馆CIP数据核字（2024）第038698号

责任编辑：盖 宇 王亚萍 / 责任校对：张小霞
责任印制：师艳茹 / 封面设计：楠竹文化

科学出版社 出版
北京东黄城根北街16号
邮政编码：100717
http://www.sciencep.com
保定市中画美凯印刷有限公司 印刷
科学出版社发行 各地新华书店经销
*
2024年10月第 一 版 开本：787×1092 1/16
2024年10月第一次印刷 印张：16 1/4
字数：255 000

定价：98.00元

（如有印装质量问题，我社负责调换）

编 委 会

主　任：郭传杰　包信和　周忠和

主　编：邱成利　汤书昆

编　委：

朱　赟　汤书昆　李雅清　何　勇　邱成利　周荣庭

侯俊琳　梁　琰　彭明琼　童　云　褚建勋

本书作者：

王晨阳　王玉蕾　王滋淳　朱　赟　汤书昆　李雅清

刘　超　朱松松　朱雨琪　陈登航　何　勇　邱成利

屈思雨　郑　斌　周荣庭　张晶晶　张婷婷　柏江竹

侯俊琳　梁　琰　曹瑞玥　焦雨辰　蒋　锐　彭明琼

童　云　褚建勋　魏永莲

编委会主任简介

郭传杰　国际欧亚科学院院士、中国科学技术大学科学传播研究与发展中心理事长

包信和　中国科学院院士、中国科学技术大学校长

周忠和　中国科学院院士、中国科普作家协会理事长

主编简介

邱成利　中国科学技术大学科学传播研究与发展中心研究员，《科学传播与科学教育》杂志副主编

汤书昆　中国科学技术大学讲席教授、科学传播研究与发展中心主任

编委简介

朱　赟　浙江传媒学院文化创意与管理学院讲师

李雅清　中国科学技术大学发展规划处副处长、副编审

何　勇　中国科学技术大学科学传播研究与发展中心副研究员、二级导演

周荣庭　中国科学技术大学科技传播系执行主任、教授

侯俊琳　中国科技出版传媒股份有限公司（科学出版社）科学人文分社社长、编审，《科学世界》杂志社有限责任公司总经理

梁　琰　中国科学技术大学艺术与科学研究中心副主任、副教授

彭明琼　广东广播电视台现代教育频道编辑

童　云　安徽大学新闻传播学院副教授

褚建勋　中国科学技术大学人文与社会科学学院党委书记，计算社会科学与融媒体研究所所长、教授

目　录

一

中国科学传播发展综述

（一）中国科学传播发展概况

随着科学技术的飞速发展和人类对自然界的不断探索，科学技术在经济、社会发展中的作用日益重要，科技创新成为经济社会发展的主要驱动力，与之相伴，科学传播在中国经济社会中扮演着越来越重要的角色。党中央、国务院高度重视科技创新和科学普及工作，习近平总书记关于科学普及的重要指示、批示，为中国科学传播事业持续、健康、高质量发展指明了方向。中国科学传播主要包括报纸、期刊、图书、广播、电视、互联网、社交媒介、智能媒体、电影、展览、科普活动、科普政策、科普理论、科学教育等方面。中国公民具备科学素质的比例达到 14.14%，相比 2022 年的 12.93%，增长 1.21%①。2022 年第 12 次中国公民科学素质抽样调查结果显示，中国公民获取科技信息的渠道，依次为电视（87.7%）、互联网及移动互联网（78.0%）、广播（33.3%）、亲友同事（27.7%）、报纸（27.0%）、图书（23.2%）、期刊（23.1%）等。2022～2023 年，国内外科学传播领域发表的文献超过 6000 篇，成为研究热点之一。在中国知网上以“科学传播教育”为主题的搜索结果显示，2022～2023 年中国（不含台湾地区）涉及“科学传播教育”的文献共 107 篇。

2022～2023 年，中国科学传播经历了新型冠状病毒肺炎疫情后的复苏，各类媒体竞相发力，科学传播呈现各展其长、创新求变的喜人景象，短微视频大放异彩，直播形式也吸引了大量观众，成为最有影响力的传播平台，在科学传播领域也是如此。

1. 科普政策规划明确方向

中共中央办公厅（简称“中央办公厅”）、国务院办公厅印发的《关于新时代进一步加强科学普及工作的意见》为新时代中国科学传播工作明确发展方向、目标和重点任务。2022 年 8 月 4 日，科学技术部（简称“科技部”）、中共中央宣传部（简称“中央宣传部”）、中国科学技术协会（简称“中国科

① 国家统计局. 中华人民共和国 2023 年国民经济和社会发展统计公报[EB/OL]. 2024[2024-02-29]. https://www.stats.gov.cn/sj/zxfb/202402/t20240228_1947915.html.

协”）正式公布《“十四五”国家科学技术普及发展规划》，面对新形势、新任务、新要求，“十四五”期间国家重点实施以下任务：强化新时代科普工作价值引领功能、加强国家科普能力建设、推动科普工作全面发展、推动科学普及与科技创新协同发展、抓好公民科学素质提升工作、开展科普交流与合作。

2022 年度，以政府投入为主导的全国科普经费稳中有升。2022 年，全国共筹集科普工作经费 191.00 亿元，比 2021 年增长 1.02%。全国人均科普专项经费 5.30 元，比 2021 年增加 0.59 元。2022 年，全国各部门共组织线上、线下科普（技）讲座 110.10 万次，吸引 23.19 亿人次参加；举办线上、线下科普（技）专题展览 9.70 万次，共有 2.30 亿人次参观；举办线上、线下科普（技）竞赛 3.85 万次，参加者达 3.15 亿人次。青少年科技夏（冬）令营活动共举办 6915 次，参加者达 158.82 万人次。有 6457 所科研机构或大学向社会开放，共接待 1614.96 万人次访问①。

2023 年 5 月，教育部、中央宣传部等 18 部门联合出台《关于加强新时代中小学科学教育工作的意见》，部署在教育“双减”中做好科学教育加法，一体化推进教育、科技、人才高质量发展。

2. 重大科普活动示范引领

中国政府和各类机构举办了一系列重大科普活动，如全国文化科技卫生“三下乡”、全国科技活动周、全国科普日、中国航天日、中国科学院公众科学日、中国科学院科学节等，在社会上产生广泛而深远的影响。习近平总书记高度重视科普工作，中共中央政治局于 2023 年 2 月 21 日下午就加强基础研究进行第三次集体学习。习近平总书记在主持学习时强调，要加强国家科普能力建设，深入实施全民科学素质提升行动，线上线下多渠道传播科学知识、展示科技成就，树立热爱科学、崇尚科学的社会风尚。要在教育“双减”中做好科学教育加法，激发青少年好奇心、想象力、探求欲，培育具备科学家潜质、愿意献身科学研究事业的青少年群体。

---

① 科技部. 科技部发布 2022 年度全国科普统计数据[EB/OL]. 2024[2024-01-11]. https://www.most.gov.cn/kjbgz/202401/t20240111_189336.html.

习近平总书记在2023年7月20日给“科学与中国”院士专家代表回信，对科技工作者支持和参与科普事业提出殷切期望。他在回信中说，多年来，你们积极参加“科学与中国”巡讲活动，广泛传播科学知识、弘扬科学精神，在推动科学普及上发挥了很好的作用。习近平总书记指出，科学普及是实现创新发展的重要基础性工作。希望你们继续发扬科学报国的光荣传统，带动更多科技工作者支持和参与科普事业，以优质丰富的内容和喜闻乐见的形式，激发青少年崇尚科学、探索未知的兴趣，促进全民科学素质的提高，为实现高水平科技自立自强、推进中国式现代化不断作出新贡献。通过科技展览、讲座、互动体验、科技竞赛等多种形式的重大科普活动，为公众提供近距离接触科学、了解技术的机会，激发公众对科学的兴趣和热情，爱科学、学科学、讲科学、用科学成为公众的重要选择。中共中央政治局常委蔡奇、丁薛祥，中共中央政治局委员李书磊、尹力、陈吉宁等出席全国科技活动周、全国科普日等重大科普示范活动。

3. 主流媒体发挥主导作用

在科学传播领域，主流媒体占据重要位置。《人民日报》、新华社、中央广播电视总台（简称“中央广电总台”）等主导着中国科学传播的方向，发挥着示范引领作用。“学习强国”、中国政府网等具有广泛社会影响力，发布的相关科普内容兼具传播的广度和深度，拥有广泛的读者群。广播电视一直发挥着重要作用。中国拥有世界上最大的广播电视网络，覆盖城乡各地，是公众获取新闻和科学知识的主要和便捷渠道。通过电视和广播节目，科普内容得以广泛传播，深入人心。特别是中央广电总台的科技类栏目、科学纪录片以其丰富的科学内容和深入浅出的讲解，视角广阔，制作精美，讲述科学，诠释万物，赢得了广大观众的喜爱。国家广播电视总局（简称“广电总局”）发布的《2022年全国广播电视行业统计公报》显示，截至2022年年底，全国电视节目制作时间285.21万小时，播出时间2003.64万小时。新闻资讯类电视节目制作时间109.17万小时，播出时间290.50万小时。全国广播节目制作时间787.65万小时，播出时间1602.15万小时，同比增长0.80%。网络音频节目数量和时长持续增多，年度新增互联网音频节目6005.60万小时，短视频51 873.53万小时，网民人均每天观看互联网视频节目（含短视频）超过

2 小时，收听互联网音频节目约 20 分钟①。科技部、中国科学院自 2015 年起每年举办全国科普微视频大赛，评选 100 部全国优秀科普微视频作品，为公众提供优质科普视频资源，深受公众的喜爱和点赞。在第 32 届中国新闻奖评选中，多家广播电台创作的科技题材新闻作品获奖，其中包括生态环境保护、航空航天、农业科技、自然文化遗产保护、动物多样性、碳达峰碳中和、应急广播科普等题材。

4. 直播电影拥有大量观众

根据 2024 年中国互联网络信息中心发布的第 53 次《中国互联网络发展状况统计报告》，截至 2023 年 12 月，中国网民规模已经达到 10.92 亿人，中国互联网普及率已达 77.5%，农村网民规模达 3.26 亿人②。中国网络视频用户的规模已达 10.67 亿人，网络视频行业的用户渗透率已达 97.7%。中国网络直播用户规模已达 7.65 亿人，占网民整体的 71.0%。随着互联网技术的飞速发展，网络直播在科学传播中逐渐崭露头角。即时通信、网络视频、短视频用户规模分别达 10.47 亿人、10.44 亿人和 10.26 亿人，用户使用率分别为 97.1%、96.8%和 95.2%。各大网络平台纷纷推出科普直播节目，吸引了大量观众。这些节目通常由专业人士主讲，内容涵盖科学不同领域的知识。网络直播的互动性也为观众提供了与科普专家直接交流的机会。一些知名科普专家加盟网络直播，吸引了大批公众的收看，具有广泛的影响力，成为传播科学知识的重要平台和形式。

2022 年，新冠疫情给中国电影创作生产、发行营销、影院放映等各个环节造成较大压力。电影业的市场流动性收紧、融资成本上升、融资难度加剧，行业发展的信心受到较大影响。这一年，中国（不含港澳台）生产各类影片 485 部，其中故事片 380 部。在不断有影片撤档、换档的情况下，电影总票房达 300.67 亿元（包含二级市场票房），约合 43.6 亿美元，位列全球第二位。2023 年，中国电影年度票房收入达到 549.52 亿元人民币，较 2022 年提升 83.5%，打破了历史纪录。国产影片在其中占据主导地位，票房高达

---

① 国家广播电视总局. 2022 年全国广播电视行业统计公报[EB/OL]. 2023[2023-04-27]. http://www.nrta.gov.cn/art/2023/4/27/art_113_64140.html.

② 中国互联网络信息中心. 第 53 次《中国互联网络发展状况统计报告》发布[EB/OL]. 2024[2024-03-22]. https://cnnic.cn/n4/2024/0322/c88-10964.html.

509.31 亿元，占比高达 92.7%。在国产影片中，中国科幻电影表现突出，共有 9 部科幻电影上映，总票房近 65 亿元。2023 年，单部影片票房前三名分别为《满江红》（票房为 45.44 亿元）、《流浪地球 2》（票房为 40.29 亿元）、《孤注一掷》（票房为 38.48 亿元）。

5. 纸质媒介稳中升降不一

图书是科学传播的重要渠道，拥有广泛的读者，读书是大多数人获取知识的主要途径。尽管受到数字化阅读的冲击，但纸质媒介在科学传播领域仍具有一定的地位。科技部发布的全国科普统计数据显示，2022 年度，全国科普期刊发行 8301.82 万册，科普图书发行 1.04 亿册。中央宣传部在 2022 年、2023 年主题出版重点出版物选题中，支持科普出版物的出版。科技部每年评选 100 部全国优秀科普作品，发挥了良好的示范导向作用。2023 年，国家新闻出版署首次评选 20 个优秀科普期刊和 20 个期刊优秀科普专栏，是一个良好的导向。中央有关部门、地方和有关学会、协会等评选优秀科普作品，对鼓励和激励更多科技人员、科普人员和各类机构参与科普创作发挥了良好的引领作用。报纸、杂志等传统媒体通过深度报道、专题研究等形式，为喜爱纸质读物的读者提供了高质量的科普内容。然而，受到广告收入和阅读习惯转变的影响，纸质媒介的发行量有所下降。但一些科普期刊在内容和影响力方面取得了显著提升。

6. 公众参与科普热情高涨

近年来，公众参与科普活动的热情日益高涨。各类群众性科技活动、科普讲座、展览、科技竞赛、研学实践活动等吸引了大量参与者。每年 5 月第三周各地相关部门同步举办全国科技活动周，成为全国科学传播活动的一次盛宴。中国科学院公众科学日活动，成为最受公众欢迎的活动。2022 年全国科技活动周以“走进科技 你我同行”为主题，共举办线下、线上各类科普专题活动 11.91 万次，参加人次达 5.38 亿。2023 年全国科技活动周以“热爱科学 崇尚科学”为主题，参与人数再创新高。此外，社交媒体上的科普账号、科普网站也日益增多，为公众提供了多样化的科普内容选择。同时，线上科普活动和数字科技馆吸引了众多无法前往科普活动现场或无法去科技馆参观的观众，为公众提供了多种选择。中国航天员的“天宫课堂”，吸引了上亿中小学生。中国科学院推出的“科学与中国——千名院士·千场科普”活动在社会上产生了良好反响。值得注意的是，民间力量在传播科学知识、提高公众素养方面发挥了积极作用。与此同时，科学咖啡馆、科普创作沙龙、科学文化沙龙等高端科学传播活动开始流行，营造了浓厚的科学文化氛围。

7. 各类科普场馆人流如潮

中国的科普场馆数量众多，涵盖科技馆、科技类博物馆、动物博物馆、植物园等场所。这些场馆通过展览、演示、互动体验等形式，向公众展示了科学的魅力。特别是科技馆，作为科普的重要基地，为公众，特别是青少年提供了近距离接触科学的场所。据科技部发布的 2022 年度全国科普统计数据，2022 年全国科技馆和科技类博物馆 1683 个，比 2021 年增加 6 个；展厅面积 622.44 万平方米，比 2021 年增加 0.19%。据不完全统计，2022 年、2023 年全国科技馆年接待观众量均超过上亿人次。安徽科技馆（新馆）、河南科技馆（新馆）、深圳科技馆（新馆）、山东省科技馆（新馆）、青岛科技馆（新馆）、湖北科技馆（新馆）、武汉科技馆（新馆）、江西科技馆（新馆）相继建成并开馆，丰富了科技馆资源。科技馆成为公众接受科普的主要场所，周末或假期陪孩子去科技馆、国家特色科普基地，成为许多家庭的必选项。与此同时，科研机构和大学向社会开放，开展科普活动，深受公众喜爱，也弥补了中国科普场馆不足的困境。中国科学院每年举办公众科学日、科学节、科学跨年演讲活动，同时开放所属科研机构、大学等，吸引了无数家庭走进中国科学院，与科技人员、科学仪器设施近距离接触，激发公众对科学的兴趣和好奇心。

8. 讲解实验活动深受欢迎

科普讲解、科学实验是科学传播的重要形式，是科学传播形式的一种创新。通过生动的讲述、解释、现场实验和演示，将复杂的科学原理变得通俗易懂，深受公众喜爱。科普讲解竞赛、科学实验展演活动成为最受欢迎的科普形式，各地、相关部门纷纷举办科普讲解、科学实验竞赛，参与人数众多，北京、河南、湖北、广东、上海、成都等地举办了少年科普讲解比赛。一些科普场馆和机构还开展了面向学校和社区的科普巡讲活动，把科学知识送至基层。据科技部公布的2022年全国科普统计数据，2022年全国共有专职、兼职科普讲解与辅导人员36.72万人，比2021年增长2.18%。2023年，第十届全国科普讲解大赛在广东科学中心举办，共有4万多名选手参赛，相关主办方举办了1000多场比赛，80支代表队、265名选手参加全国决赛，受到社会广泛关注。上海交通大学举办全校科普讲解竞赛，科大讯飞公司举办公司内部科普讲解竞赛活动。

科学实验竞赛是激发青少年科学兴趣的有效途径之一。全国科学实验展演汇演活动、全国青少年科技创新大赛、全国青少年机器人竞赛等一批重要赛事吸引了全国各地的科技人员、教师、学生参与其中。这些竞赛不仅提高了公众，特别是青少年的动手能力和创新意识，也为他们提供了一个展示科学才华的平台。据科技部发布的2022年度全国科普统计数据，2022年全国举办线上、线下科普（技）竞赛3.85万次，参加者达3.15亿人次。2023年，第六届全国科学实验展演汇演活动在合肥举行，来自全国54支代表队的160组参赛选手齐聚中国科学技术大学，为公众呈现一场精彩纷呈、妙趣横生的科学表演秀。以崭新的表现形式融合科学普及与科技创新，各类企业、研究机构也纷纷举办科学实验竞赛，丰富了科学传播的形式。科学实验展演汇演活动激发了青年科技人员的科普热情，为他们提供了展示科研实力的一个社会舞台。

9. 科普交流合作开始活跃

随着全球化的深入发展，科普领域的国际合作逐渐成为中国与世界各国交流的重要内容之一。中国与一些国家建立了科普合作机制，开展了一系列的科普交流活动。这些合作有助于引入国外先进的科普理念和经验，推动中国科普事业的发展，也有助于增进国际社会对中国科普工作的了解和认可。

内地与港澳的科普交流十分活跃，澳门特别行政区每年举办澳门科技活动周，吸引当地公众参与。科技部每年组织重大科技创新成果展在香港、澳门展出，吸引香港、澳门市民踊跃参观。中国航天员访问香港、澳门，与香港、澳门的学生、市民见面，激发了“航天热”。“科学与中国”院士专家访问香港，举办科普讲座，在市民，特别是青少年群体中兴起了爱科学的热潮。港澳中小学生代表每年组团来内地科研机构、学校进行考察、交流，对他们热爱科学、崇尚科学产生了良好的影响。

（二）中国科学传播主要特点

在过去两年中，中国科学传播领域呈现出快速发展的趋势，各种形式、内容的科学传播活动如火如荼地展开，呈现出以下主要特点。

1. 科普政策助力发展

2022 年，中央办公厅、国务院办公厅印发了《关于新时代进一步加强科学技术普及工作的意见》，为科学传播工作注入了强大的动力。这一重要政策文件强调了科普工作的重要性，提出了加强科普工作的一系列措施，包括提高科普工作质量、加强科普队伍建设、推动科普工作创新等。该文件的出台无疑为科学传播的发展提供了强有力的政策支持。科技部、中央宣传部、中国科协印发《“十四五”国家科学技术普及发展规划》。2023 年 5 月 17 日，教育部等 18 部门发布了《关于加强新时代中小学科学教育工作的意见》，提出通过 3～5 年努力，在教育“双减”中做好科学教育加法的各项措施全面落地。2023 年 9 月 15 日，国家自然科学基金委员会发布《国家自然科学基金委员会关于新时代加强科学普及工作的意见》，强调科学基金科普工作要“以让基础研究走进社会、让社会理解基础研究为主题，以科学基金资助创新项目资源科普化为主线”，提出加强项目支持、打造“科学基金科普在行动”品牌、构建科普宣传矩阵等加强科学基金科普能力建设的若干政策引导型举措。相关部门、地方出台了一系列鼓励科普事业发展的政策、规划。各类媒介加大科学传播力度，社会各界积极组织各种科学传播活动，吸引公众参加，产生了良好效果。

在科学传播理论研究领域，以中国科学技术大学、苏州大学、中国科学院大学为代表的研究团队，已成为国际上一支不容小觑的研究力量。

2. 短微视频优势尽显

随着短视频平台的迅速发展，短微视频已经成为科学传播的重要形式。

短微视频在科学传播中的优势尽显。一方面，短视频平台，如抖音、快手、哔哩哔哩（简称B站）等，已经成为大众获取信息的重要渠道，其传播速度快、覆盖面广、互动性强的特点为科学传播提供了广阔的空间。另一方面，短微视频能够以生动形象的方式呈现科学知识，使公众更易于理解和接受。科技部、中国科学院每年向社会推荐100部全国优秀科普微视频作品，有效调动了部门、地方资助以创作、制作科普微视频作品的积极性，创作、制作了一大批专业、优秀的科普微视频，社会各界人士加入短微视频创作、制作，中国科普微视频制作水平显著提升，优秀微视频精品不断问世。微信视频号拥有大量浏览者，传播效果非同一般。

3. 科普图书水平提升

科普图书一直是科学传播的重要形式之一。近年来，随着出版社对科普图书市场的重视和投入的增加，科普图书的质量有了显著的提升。2022～2023年，科普图书的品种更加丰富，内容更加深入浅出，形式更加多样。2022年，全国科普图书发行1.04亿册。此外，一些出版社还尝试把科学与文艺相结合，推出了一批具有较高文学价值的科普读物，受到读者的热烈欢迎。全国科技奖中设立的科普作品奖，对科普创作具有重大的激励作用。科技部组织的全国优秀科普作品推荐活动每年评选100部优秀作品，有关部门、地方和学会、协会等相继评选领域和区域优秀科普作品，对推进中国科普创作质量和水平产生了良好的导向作用。2022年，第11届吴大猷科学普及著作奖评选，宋宁世著作《计量单位进化史：从度量身体到度量宇宙》获创作类银签奖，李孝辉著作《时间的真相》获创作类青少年科普特别推荐奖。吴大猷科学普及著作奖是海峡两岸重要的科普奖项，由吴大猷学术基金会主办，中国科学报社、Openbook（开卷）阅读志合办。该奖项每两年举办一次，目的是在中文科普著作中选拔优良书籍、推广科学教育，以信（内容丰富正确）、达（表达清楚）、趣（吸引读者、可读性高）为评选标准。

第21次全国国民阅读调查结果显示，2023年中国成年国民包括书报刊和数字出版物在内的各种媒介的综合阅读率为81.9%，保持增长态势。2023年中国成年国民人均纸质图书和电子书阅读量略有变化。其中，人均纸质图书阅读量为4.75本，略低于2022年的4.78本；人均电子书阅读量为3.40

本，高于 2022 年的 3.33 本①。

4. 报纸期刊稳中求变

报纸在科学传播中占据独特位置，是科学传播的重要平台。《人民日报》《科技日报》《中国科学报》等报纸在科学传播中发挥了重要作用，尤其是《科技日报》《中国科学报》发挥专业优势，向社会传播科学知识，讲好中国科学故事，报纸至今仍拥有稳定的读者群。报纸上不乏优秀科普文章，文字优美、别具一格，配以清晰的照片、插图、漫画等，对读报爱好者保持了很强的吸引力。科普期刊作为科学传播的重要载体，在近年来保持了稳定的增长趋势。科普期刊的数量和质量都有所提高。一方面，科普期刊的覆盖面更加广泛，包括自然科学、社会科学等多个领域；另一方面，科普期刊的质量也有显著的提升，一些期刊邀请知名科学家撰写专栏文章，提高了期刊的可读性和权威性。科普期刊增加图画的比例，提升艺术性和观赏性，对科普期刊爱好者产生了强烈的吸引力。2022 年，全国科普期刊发行量达 8301.82 万册。国家新闻出版署 2023 年开展了首次“优秀科普期刊”与“期刊优秀科普专栏”推荐活动，旨在促进期刊生产传播优秀科普内容，引导广大期刊做优做强科普宣传，更好地服务国家科普能力建设。20 家科普期刊和 20 个期刊科普专栏入选推荐名单。入选“优秀科普期刊”的有《中国国家地理》《无线电》《百科知识》《知识就是力量》《十万个为什么》等。入选“期刊优秀科普专栏”的有《半月谈》的“科技·文化”专栏，《世界博览》的“探索”专栏，《少年时代》的“南瓜的探索笔记”专栏等②。

5. 科学沙龙日趋活跃

科学沙龙作为一种面对面的科学传播形式，具有独特的魅力，近年来逐渐受到关注。2022～2023 年，科学沙龙的内容和形式得到了进一步的拓展和丰富。一方面，科学沙龙的组织者越来越多，包括科研机构、高校、科技

① 中华人民共和国中央人民政府. 第 21 次全国国民阅读调查结果发布[EB/OL]. 2024[2024-04-23]. https://www.gov.cn/yaowen/liebiao/202404/content_6947066.htm.

② 国家新闻出版署. 关于“优秀科普期刊”与“期刊优秀科普专栏”推荐名单的公示[EB/OL]. 2023[2023-09-12]. https://www.nppa.gov.cn/xxfb/tzgs/202309/t20230912_768318.html.

馆、博物馆、出版社等；另一方面，科学沙龙的主题更加多样，涉及自然科学、社会科学等多个领域。科学咖啡馆活动在中国科学院物理所持续举办，聚焦科学前沿，开展深入探讨，在社会上具有广泛的知名度和影响力。中国科普作家协会举办的科普创作沙龙不固定地点，在推进优秀科普创作方面发挥良好导向作用。中国科学技术大学的科学文化沙龙在USTC1958咖啡馆举办，成为颇具影响力的科学文化活动，在构建创新文化氛围方面收效明显。此外，科学沙龙的互动性得到了增强，参与者能够直接与专家进行面对面交流和讨论，主讲人和参与者双双获益。

6. 媒体融合形式多样

随着媒体融合的不断深入，传统媒体与新媒体的融合形式日益多样化。2022～2023年，媒体融合在科学传播中发挥了重要作用。一方面，传统媒体如《人民日报》、新华社、中央广电总台等继续发挥其权威性和深度报道的优势，同时加大其网站和微信公众号的独特作用，迎合读者的新需求；另一方面，新媒体如网络论坛、微博、微信公众号等则以其快速传播、互动性强的特点为科学传播提供了新的平台，在科学传播方面的影响日益增长。“学习强国”、中国政府网等具有广泛社会影响力。中国科普博览、中国科普网等专注科普内容，深受公众欢迎。此外，一些媒体还尝试把传统媒体与新媒体相结合，推出了一系列形式新颖的科普栏目和活动。

7. 展览注重互动体验

科普展览成为公众接受科普的重要场馆，各类科普场馆接待了大量参观公众，在周末和节假日时，大型科技馆一票难求。许多科技馆开发出多种多样的体验形式以满足不同人群的需求。随着科普资源供给侧改革的推进，科普展览越发注重观众的主体性和参与感，通过多元化的感觉、认知、情感、应变、体验技艺等方式，使参观者能够与展览内容进行深入的互动和交流。中国展览科学传播呈现出主题丰富多样、涵盖不同学科，利用地域资源做强特色内容，侧重体验导向、互动设计剧增，发挥科技力量、丰富科普形式等特点。上海科技馆的原创展览“鲸奇世界”启动巡展，在上海科技馆展出后，先后赴西藏自然科学博物馆、新疆科技馆等多地巡展，受到当地公众欢迎。广东科学中心在常设科普展览中大量运用 3D 打印、大数据分析、云计算等 100 多项先进展示技术，从展示造型、用材、规模到体验方式都进行了创新。中国科技馆、河南科技馆（新馆）、安徽科技馆（新馆）等也吸引了大量参观者。

8. 人工智能促进变革

近年来，人工智能技术在各个领域得到了广泛应用，显示了强大的优势。在科学传播领域，人工智能也逐渐发挥重要作用。人工智能技术在科学传播中的应用得到了进一步拓展和深化，ChatGPT（chat generative pre-trained transformer，一款聊天机器人程序）等的问世，产生了巨大的冲击力，有力地改变了传播，特别是科学传播的格局。一方面，人工智能可以通过数据挖掘和分析技术，从海量信息中提取有用的科学知识；另一方面，人工智能还可以通过自然语言处理技术，把科学知识以更加自然的方式呈现给公众，在辅助人的写作、创作、制作等方面显示了强大的功能和优势。此外，人工智能技术在科普游戏、虚拟现实（virtual reality，VR）等领域的应用也取得了显著成果，势必冲击现有的科学传播格局，加速其变革。

（三）中国科学传播存在的问题

科学传播是科学技术发展的重要环节，是提高公众科学素养的关键手段。随着中国科技实力的增强，科学传播在国家经济、科技、社会发展中的重要性日益凸显。但是，不容忽视的是，中国科学传播依然存在一些问题，需要关注并解决。

1. 科学传播水平参差不齐

当前，中国的科学传播水平呈现出参差不齐的现象。优秀的科学传播作品总体偏少，低水平重复的作品较多，在一定程度上影响了科学传播的效果。一方面，多数媒体和传播者能够准确地把握科学动态，弘扬科学精神，以通俗易懂的方式向公众传播科学知识；另一方面，有些媒体和传播者则可能因为对科学的理解不足或缺乏专业知识，导致传播内容质量一般，甚至出现误导公众的情况。有些网站不尊重作者的知识产权，抄袭侵犯知识产权的现象时有发生。这种不均衡的科学传播水平在一定程度上阻碍了公众科学素养的整体提升。出版社、期刊同样存在类似问题，科普场馆缺少专业研究人才，主要以科学传播为主，难以从事专业研究工作。

2. 科学技术内容占比较低

尽管科学传播的重要性被广泛认可，但在实际操作中，科学技术内容在传播中所占的比例相对较低。在一些媒体中，科学技术内容有的被边缘化，不被重视，科学技术的传播也缺乏深度和广度。有些机构将科普图书与少儿读物归为一类，导致公众对科学技术的了解停留在表面层次，难以形成全面、深入的科学认知。科学传播活动内容与形式过于趋同，对公众吸引力在减弱，如大部分科技馆展品雷同，更新较慢，抑制了公众的参观意愿。重视科技创新、轻视科学普及的现象在不同部门、有些地方、一些媒介也不同程度存在着。在有些媒体上，科学传播的内容尚无一席之地，或者寥若晨星。广播电台、电视台中的科学内容节目占比偏低。

3. 纸质媒体读者明显减少

随着互联网的发展和普及，纸质媒体的读者数量明显下降。这一趋势在科学传播领域尤为明显。传统的报纸、杂志等纸质媒体在吸引读者方面面临巨大挑战，导致科学传播的渠道变得更为有限。尽管纸质媒体在科学传播中仍具有一定的权威性和深度，但其读者数量的下降无疑给科学传播带来了一定的困扰。科技部发布的 2022 年度全国科普统计数据显示，全国科普期刊发行量达 8301.82 万册，科普图书发行 1.04 亿册，科技类报纸发行 8384.24 万份，均比 2021 年出现不同程度下降。

4. 科学影视制作依赖外包

科学影视作品是科学传播的重要载体之一。然而，当前中国的科学影视制作大多依赖外包，这导致了一些问题的出现。首先，外包公司可能缺乏对科学的深入理解和专业能力，导致作品的科学性得不到保障。其次，外包公司往往更注重商业利益，可能会牺牲科学性来迎合市场，这将对公众的科学认知产生负面影响。此外，依赖外包还可能导致国内影视制作行业错失了培养本土科学影视制作团队的机会。不少媒体为了降低成本，不雇佣固定专业人才，采取遇到影视制作任务时就找专业公司外包，时间长了，导致自身能力开始弱化，甚至陷入被动尴尬的状况。

5. 科学传播专业人才短缺

科学传播需要既具备专业知识和技能，写作能力又强的复合型人才。然而，当前中国的科学传播领域面临着复合型人才短缺的问题。许多主流媒体机构从业人员以中文、新闻等专业为主，缺乏具备较高科学素养的记者、编辑和主播等；而具有良好科学素质的理工人才，文笔功底又有不足，导致科学传播的质量和效果难以保证。此外，由于综合媒体缺乏专业技术人才，科学传播作品的深度，以及多元化和新形式等也受到了一定限制。

（四）中国科学传播发展建议

随着科技的飞速发展和人类对自然界认识的不断深入，科学传播在人类社会中的地位和作用越来越重要。作为世界科学传播领域的重要一员，中国科学传播在近年来得到长足的发展。新一代科学传播人才正在成长，互联网、人工智能等不断拓展应用领域，显示了强大的功能，对科学传播同样将带来强烈的影响和冲击。未来，中国科学传播将朝着更加多元化、专业化、智能化和国际化的方向发展。

1. 提升科学传播内容占比

随着信息时代的到来，发展新质生产力，人们对于科学知识的需求日益多样，科学技术因此成为重要的传播内容。在未来发展中，科学传播将会成为人们日常生活的重要部分。加强中国科学传播理论与政策研究是重要前提，特别是如何全面落实习近平总书记关于科学普及的重要指示，需要在中国科学传播理论和政策上有所创新和突破。要重点加强科学传播基础理论研究，夯实理论基础，科学定义科学传播内涵。未来，各种形式新颖、内容丰富的科学传播活动将更加贴近公众多样化、个性化需求，包括科普讲解、科技展览、科学实验展演、科学影视作品、科学演出等。这些活动将帮助公众更好地了解、学习科学知识，提高科学素养，增强科学意识。各类媒体应该同步增加科学传播内容的比例。媒体机构应重视科学传播的重要性，创作制作优秀科普作品，以满足公众对科学知识日益增长的迫切需求。

2. 强化主流媒体传播导向

在未来的科学传播中，主流媒体将扮演更加重要的角色。特别是《人民日报》、新华社、中央广电总台等，它们仍然会主导科学传播的方向和内容，成为科学信息传播的重要渠道。主流媒体具有较高的公信力和影响力，能够让公众更加信任和接受科学信息。《参考消息》《环球时报》在科学传播中发挥了重要作用，拥有相当数量的读者群。电视、广播应制作更多的优秀科学影片、纪录片，满足观众的不同需求。报纸、期刊等刊登的优秀科普文章，既能留住忠实读者，还可以通过网站、微信公众号等多样化的传播方式，满足不同人群的需求。同时，科技专业媒体具有进行深度传播的优势，作用不容小觑，特别是《科技日报》《中国科学报》。“学习强国”、中国政府网等的科学传播内容丰富多样，表现可圈可点，期待其更佳发展。

3. 充分利用视频直播优势

随着互联网技术的不断发展，社交媒体、视频直播、智能网络在科学传播中占据越来越重要的地位。视频直播具有实时性和直观性，可以让公众及时了解最新的科学发现和科技成果应用。政府和相关机构应鼓励和支持本土的科学影视制作团队，提高其制作能力和水平，以推动科学影视作品的发展和普及。未来，视频直播将成为科学传播的重要形式之一，各种与科技相关的直播内容将不断涌现，如科学实验、科研机构开放日等。一些院士、知名科学家也加入视频直播，使得科学传播变得更加精彩。每到年末，科学跨年直播成为社会热点，这是中国科学传播发展的良好趋势之一。

4. 提升科普图书质量销量

科普图书作为科学传播的重要形式之一，近年来得到了长足的发展。据不完全统计，全世界每年大致出版 30 万种图书（含重印、再版图书），中国每年出版约 10 万种图书（含重印、再版图书）。但是，中国图书单册销量低于世界单册平均销量。出版机构应学习、借鉴发达国家、国际著名出版机构的成功经验，多参加国际图书展，注重优秀科普图书的策划和编辑，推出更多高质量、高水平、国际化的科普图书。同时，科普作家要注重科普图书的内容和质量创新，增加科学含量，力争提高科普图书单册销量，以满足公众对于科普图书的多样化、个性化需求。各类优秀科普作品评选，应该把销量作为重要的衡量指标。

5. 创作优质广播影视作品

科学影视、广播作品是科学传播的重要形式之一，它能够通过生动形象的画面、声音和故事情节，向公众传播科学知识。对于旅行人士和驾车人，广播是获取科学传播知识和信息的最便捷方式，其影响不容小觑。未来，随着影视、广播技术的不断发展和人们对于科学知识的需求的增加，优质的科学影视、广播作品将备受青睐。这些作品将具有更高的制作水平和更丰富的科学内容及表现形式，成为公众了解科学知识的重要途径。

6. 针对需求改善科普供给

科普讲解和科学实验是让公众更好地了解科学知识的重要手段，深受公众欢迎。如今，科普讲解已经走出科普场馆，走入社会各个层面，成为科普的常见方式，参与科普讲解的人员越来越多，讲解水平越来越高。未来，科普讲解将逐渐流行，成为科学传播的新趋势。各种形式的科普活动将不断涌现，如科普讲座、科普展览、科普游戏等。同时，科学实验也将成为公众了解科学知识的重要途径之一，越来越多的优秀科研人员加入科学实验展演，各种与生活相关的科学实验活动的举办，满足了公众，特别是青少年的迫切需求，受到社会广泛关注，成为社会亮点。

2023 年 11 月 1 日，“PubScholar 公益学术平台”在中国科学院文献情报中心正式发布，该平台创新了学术资源共建共享模式。目前可检索的资源量约 1.7 亿篇，可免费获取的全文资源量约 8000 万篇。这对科学传播是个极好红利。

7. 创新科学教育理念机制

随着公众对科学传播需求的不断提高及日趋多样，对从事科学传播人员提出了新的要求，必须更新科学教育理念，转变科学教育机制，创新科学教育方法。从事科学教育，仅有中文、新闻或理工科背景是不够的，应该是文理兼修的复合型人才，学历应达到硕士研究生及以上。通过加强培训和教育，提高科学传播者的专业素养和技能水平，提高采访与写作能力，以确保科学传播的质量和效果。加强综合媒体人才的培养。教育机构应加强培养具备科学素养的高级媒体人才，增加科学传播硕士、博士研究生招生数量，提供充足供给，以满足科学传播领域对复合型人才的迫切需求。

媒体应组建一支具备科学素养和专业技能的采编团队，负责科学传播内容的策划、采访、撰写和编辑工作；可以建立首席科学传播岗位等，激励记者撰写优秀科普文章；定期组织记者、编辑参观、考察科研机构和高新技术企业，到设有科学传播专业的高校举行座谈或交流，加强科学传播领域的专题培训、交流和学习活动，提高报纸团队成员的专业素质和综合能力。媒体要与科学家、科学传播专家、学者建立紧密合作关系，邀请他们指导、参与科学传播工作，提高专业性、权威性及提升内容吸引力。

8. 拓展科学传播国际合作

随着中国科学技术的不断发展和国际交流的不断深入，中国科学传播的国际化程度将不断提高。未来，中国科学传播将更加注重与国际接轨，积极参与国际科学传播活动。各种国际性的科技交流活动和科技展览将不断增多，为中国科学传播走向世界提供更多的机会和平台。报纸、期刊、图书、广播、电视等媒介及科普场馆等均应加强国际交流合作，中国也应借鉴国际先进的科学传播经验和技术手段，不断提升自身的科学传播水平。

总之，未来中国科学传播将朝着更加多元化、专业化和国际化的方向发展。随着科技的不断进步和人类对于自然界认识的不断深入，相信中国科学传播将会在未来发挥更加重要的作用，在世界舞台上扮演更加重要的角色，为提高公众的科学素养、促进社会的科技进步作出更大贡献，为实现高水平科技自立自强、推进中国式现代化不断作出新贡献。

（邱成利、李雅清）

二

中国报纸科学传播

报纸是科学传播的重要平台，一直发挥着十分重要的导向作用。《人民日报》《光明日报》《中国日报》等均把科学传播作为经常性的报道内容。《科技日报》《中国科学报》等以科技为主要内容的报纸，科学传播是其必不可少的重要内容。《参考消息》《环球时报》等发行量大的报纸，科学传播类的内容日渐增多。省级党报、行业报纸纷纷加大科普传播内容报道，增加报道数量与篇幅。《科普时报》作为专业科普类周报，独具特色，其影响日渐增长。根据中国报业协会印刷工作委员会公布的 2023 年全国报纸印刷量调查统计结果推算，全国报纸总印刷量为 566 亿对开印张，较 2022 年的 584 亿对开印张，下降幅度 3.02%①。据科技部发布的 2022 年度全国科普统计数据，科技类报纸 2022 年共计发行 8384.24 万份②。

（一）中国报纸科学传播概况

1. 主流报纸内容日趋丰富

中国主流报纸在科学传播方面作出了显著的努力。《人民日报》《光明日报》《中国日报》等主流报纸，不仅保持了科学传播的常态化，而且内容也日趋丰富。

主流报纸深入贯彻党的二十大精神，贯彻落实习近平总书记关于科普工作的重要论述和重要讲话精神，加强科普政策宣传与解读，强化科普领域舆论引导；围绕重大事件和科普活动，及时推出系列策划内容和重点文章，追踪热点，释疑解惑，传播科学思想，提升公众科学素质。

《人民日报》始终把科学传播作为其重要任务。《人民日报》通过新闻报道、评论、访谈等，向公众传播了大量的科学信息。这些信息涵盖科技前沿、科技创新、科技政策等多个方面，为公众提供了丰富、深入的科学知识、方法、重大科普活动等报道内容。《人民日报》（海外版）关于科学传播的报道不断增加，其第 5 版“创新中国”有不少科学传播内容的报道。《光明

---

① 马开悟，李保强. 2023 年度全国报纸印刷量调查统计结果显示：报纸印刷总量显现相对稳态[N]. 中国新闻出版广电报，2024-4-17(5).

② 科技部. 科技部发布 2022 年度全国科普统计数据[EB/OL]. 2024[2024-01-11]. https://www.most.gov.cn/kjbgz/202401/t20240111_189336.html.

日报》作为思想文化大报，非常重视科学传播，专门设置“新科技”版，不仅关注科技领域的热点问题，还对科技发展中的深层次问题进行深入剖析，如2022年在头版开设了“国之重器”专栏，2023年又开设了“院士谈科技自立自强”专栏。2023年11月16日，《光明日报》第16版刊登的“讲好中国科技故事”提出以科学传播的方式来开拓国际科技交流新局面。此外，头版还设有“科技改变生活”专栏。《光明日报》周一至周五的教科新闻版，关注传播国内科技动态，并且在每周一期的国际教科版介绍国外科技相关内容。《中国日报》作为中国对外宣传的重要窗口，在科学传播方面作出了积极贡献。它通过报道国际科技前沿动态，向国内读者传播了全球科技发展的最新信息。例如，《中国日报》多次报道国内外人工智能发展的最新前沿科技。同时，《中国日报》还通过举办各种国际科技交流活动，促进国内外科学家的交流与合作。《参考消息》《环球时报》等在国际前沿科技的科学传播方面发挥了不可忽视的作用。《参考消息》第11版“科技前沿”上刊登的内容具有科技和科普的双重功能，发挥了很好的科学传播作用。例如，2023年12月26日《参考消息》第11版“科技前沿”上刊登的“气候变化严重影响人类身心”的研究报告文章及配图，便是一篇优秀的科普作品。

2. 科技报纸成为重要内容

中国的科技实力正在从量的累积转向质的飞跃，从点的突破迈向系统能力提升。科技报纸的科学传播内容日益丰富，从最新科技成果、新冠疫情、流行病预防到冬奥会、冬残奥会，再到太空授课、生成式人工智能等，都进行了密切报道，发挥了重要导向作用。《科技日报》《中国科学报》及《科普时报》等科技报纸，成为科学传播的重要平台。

（1）突出科普报道特色。聚焦教育部等18部门联合印发的《关于加强新时代中小学科学教育工作的意见》，约请一线科普工作者和科学教育专家对推动科学教育落地见效提出思考和建议。约请专家解读《全民科学素质行动规划纲要（2021—2035年）》《关于新时代进一步加强科学技术普及工作的意见》等政策文件。组织力量从科普场馆建设、科普活动开展、网络科普传播、青少年科学教育，以及航天、健康、生态、气象等相关领域、行业采写系列报道。组织北京2022年冬奥会特别策划“冬奥里的科学”，围绕公众关注的赛事热点，约请专家从科学视角解读冰雪运动的原理和规律。

（2）聚焦重点科普活动。对全国文化科技卫生“三下乡”、全国科技活动周、全国科普日、公众科学日、中国航天日等重点科普活动进行全面报道，全方位展示群众性科技盛宴。重点报道全国科普讲解大赛、全国科普微视频大赛、全国科学实验展演汇演等活动，讲述科普活动背后的故事，展现科学传播活动的精彩内涵。

（3）做好前沿硬核科普。科技新闻不好懂，科普的角色就显得尤其重要，其中媒体作为“化繁为简”的传播媒介，对提升公众科学素养产生着积极作用。“神舟十二号”航天员出舱之时，约请专家撰写文章《成功出舱！太空行走有多难？》，通俗易懂地回答了人们对太空行走的诸多疑问。科普报道把术语和公式转化为公众熟悉的语言，通过讲故事吸引受众，加深公众对科学的理解，提升原创品质，扩大媒体影响力。

（4）科学辟谣为民解惑。关注新冠疫情防控最新动态，提升公众认知能力，做好疫情防控舆论引导。针对肺炎支原体感染等各种呼吸道疾病呈上升趋势，围绕公众关注的生命健康等热点答疑解惑。

《科技日报》作为中国科技领域的重要综合性报纸，始终把科学传播作为其核心任务。《科技日报》通过新闻报道、采访、专题等形式，向公众传播了大量的科技知识，为公众提供全面、深入的科技资讯。例如，2023 年 12 月 25 日，《科技日报》第 4 版刊登的《几分钟成功复现诺奖成果——人工智能科研机器要来了》就是一篇较好的科普文章。

《中国科学报》作为中国科技领域的重要报纸，在科学传播方面作出了积极贡献。它通过报道国内外科技前沿动态，向读者传播了最新的科研成果和科技进展。“科学此刻”以图文形式介绍科技知识，别具一格。《中国科学报》从科学家视角去观察报道科研成果、讲述科学家故事、弘扬科学家精神等方面具有特色和优势。

《科普时报》于 2017 年 9 月正式创刊，是全国第一份综合性科普周报，以提高全民科学素养为使命，面向大众传播科学知识、科学方法、科学精神和科学思想，构建涵盖报纸、网站、两微一端等传播渠道的科普全媒体平台，充分利用媒体融合先进手段，生产和传播优质科普内容，同时坚持“用户意识”和“产品思维”，坚持科普贴近基层和群众，用科普服务百姓生活，满足公众对于优质科普内容和服务的需求。

3. 省级报纸加大报道力度

省级报纸加大科学传播的报道力度，如《北京日报》《天津日报》《解放日报》《重庆日报》《河南日报》《广东日报》《湖北日报》《湖南日报》《四川日报》等省级报纸，通过多种形式向公众开展科学传播。这些省级报纸不仅关注本地区的科技发展动态，还对全国范围内的科技创新进展、科技热点问题进行深入报道。同时，它们还通过普及基础科学知识和前沿科学知识，弘扬科学精神，传播科学思想，倡导科学方法，为科学家和公众提供交流的平台。例如，《北京日报》及其所属报纸通过新闻报道、言论等形式，以广泛的新闻覆盖，深度的观察思考，向公众传播大量的科技知识，涵盖科技创新、科技成果转化、科学传播等多个方面。其中，比较有代表性的是每周一期的“京韵周刊·领创”专版，聚焦科技人物、科研团队及成果背后的故事等进行深度报道；每周一期的“新知周刊·科技”，精心设置选题，邀请专家围绕科技热点进行解读，深入浅出地普及科技知识、传播科学方法，为北京市的科技创新和科普发展提供有力的支持。

4. 其他报纸增加科技内容

除主流报纸和科技报纸外，其他报纸在科学传播方面的内容明显增加。城市晚报和科技类报刊向来拥有众多读者，《北京晚报》《今晚报》《新民晚报》《重庆晚报》《羊城晚报》《上海科技报》《山西科技报》等积极传播科学思想，普及科学知识，通过开设科学传播专栏、新闻报道、评论、专题等形式开展科学传播，内容涵盖科技前沿、科技创新、科学故事、科技成果转化等多个方面，为公众提供了全面、深入的科普体验。《北京晚报》开设科学素质专栏，集中刊登首都科学素质工作进展情况。通过举办各种科学论坛、研讨会等活动，这些报纸为科学家、科普工作者和公众搭建交流的平台。

综上所述，中国报纸在科学传播方面作出了显著的努力。主流报纸、科技报纸和其他报纸都积极参与科学传播工作，为公众提供了全面、深入的科技资讯。同时，各种形式的科学传播活动也为科学家和公众提供了沟通交流的渠道。随着科技的不断发展和社会对科学的关注度不断提高，中国报纸在科学传播方面依然具有重要影响，发挥着重要的作用。

（二）中国报纸科学传播特点

1. 报道数量显著增加

中国报纸对科学传播的关注度明显提高，表现为科学传播报道的数量显著增加，内容日趋多样。这一变化可归因于多个因素。首先，随着科技的发展，人们对科学的关注度在不断提高，这为科学传播提供了更多的内容素材和版面空间。其次，报纸媒体积极响应党和国家对科学传播的重视，增加科学传播报道的数量和比重，文章水平显著提升，增加了对读者的吸引力。再次，科普活动日趋活跃，科技人员、科普工作者从事科普的积极性越来越高，科学传播活动举办频率加大，为报纸采写和编辑提供了更多机会。当然，2022 年期间，受新冠疫情的影响，人们减少出行，许多活动改为线上举办，居家时间增多，也为报纸增加了不少读者。

2. 内容丰富形式多样

中国报纸科学传播报道的内容广泛而深入，涵盖医学、工程、物理、化学、生物等多个领域。这些报道不仅关注世界最新的科研成果和科技动态，还对科技背后的故事、科学家的创新精神和奉献精神进行深入挖掘。前沿科学知识、人工智能等新技术的传播普及，航天发射、中国空间站建设、太空授课等内容的报道及时准确，极大地激发了公众热爱科学、崇尚科学的热情，有助于提高公众的科学素养，加深人们对科学的理解和认识。“一文读懂”体开始流行，频频见诸报端。

3. 科学故事受到关注

在过去两年的科学传播报道中，诺贝尔科学奖获得者、国家最高科技奖获得者、知名院士、科学家的故事受到越来越多的关注。这些报道通过讲述科技工作者的创新历程、科研成果背后的艰辛和付出，弘扬科技工作者的创新精神和奉献精神。许多院士、知名科学家在承担繁重的科研任务的同时，热心科普，向公众传播科学思想、科技知识，赢得了公众的广泛尊重。这些报道不仅让公众更加了解科学家的工作和生活，也激发了年轻人对科学的兴趣和热情，受到读者的关注和点赞。

4. 不同媒体加快融合

中国报纸与新媒体的互动明显增强。许多报纸开设了微信公众号、微博、抖音、视频号等新媒体平台，把科学传播的内容以更快捷、更广泛的方式传递给读者。这种互动不仅增强了报纸的影响力，还为公众提供了获取科学信息的更多渠道。同时，新媒体平台的互动性也为公众提供了更多表达意见和观点的机会，促进了科学传播的交流和讨论。

5. 注重科学传播评估

中国报纸开始注重科学传播效果评估。许多报纸通过调查问卷、网上投票等方式收集读者反馈，评估科学传播报道的影响力和效果。这有助于报纸更好地了解读者的需求和喜好，提高科学传播的质量和效果。同时，也为其他媒体提供了借鉴和参考，推动中国科学传播事业的发展。

案例 1　　　　　　　　《科技日报》

《科技日报》在科学传播方面的特点主要表现为内容丰富多样、科学性强、知识性强、创新性思维和国际化视野。这些特点使《科技日报》在科学传播领域具有较高的影响力和权威性，主要体现在以下几个方面。

（1）内容丰富。作为中国科技领域的专业媒体，其报道内容涵盖科技领域的各个方面，包括科技政策、科技创新、科技成果、科技人物等。同时还注重报道国内外科技领域的最新动态和趋势，驻外记者采写的科技新闻为读者提供了丰富的信息。关注科技与经济社会发展之间的联系和影响，探讨科技创新对经济增长、产业升级、社会进步的作用。关注科技与文化教育的融合发展，探讨科技创新对教育方式、文化传承、社会价值观的影响。

（2）科学权威。报道以科学性为首要原则，注重报道的科学性和准确性。在报道科技成果时，邀请专家进行解读和评估，确保报道的科学性和权威性。

（3）创新思维。注重创新性思维，鼓励读者提出新的观点和想法。在报道科技创新时，会邀请创新者进行分享和交流，激发读者的创新思维和灵感。注重与读者的互动，通过各种渠道与读者进行交流。例如，《科技日报》会通过社交媒体、网络论坛等渠道与读者进行互动，听取读者的意见和建议，不断改进报道方式和内容。

（4）国际视野。注重国际科技交流与合作，其驻外记者积极报道国际科技领域的最新动态和趋势。同时还与国际科技媒体建立合作关系，共同推动全球科技的发展。

案例2　　《中国科学报》

《中国科学报》作为中国科技领域的重要媒体，不断探索和创新科学传播的方式和方法，在科学传播报道中表现出色，为提高公众科学素养、推动科技创新和国际交流作出积极贡献。《中国科学报》在科学传播报道中的良好表现得益于其深度与广度兼备的报道内容、专业性与普及度并重的报道风格，互动性和参与度较高的传播方式。

（1）深度与广度兼备的内容。在科学传播报道中注重兼具深度与广度，既关注科技领域的重大突破和热点问题，也关注科技对经济社会发展的影响和作用。报道内容包括但不限于以下几个方面：科技前沿动态报道、国内外最新科技进展、重大科技成果、科技创新政策等，以便帮助读者了解科技发展的最新趋势。科技人物专访展现科技领域的知名专家、学者、企业家的科研成果和创新精神，彰显科学家的社会责任和担当。

（2）专业与普及并重的风格。在科学传播报道中注重专业性与普及性并重，既保持科技领域的专业性和严谨性，又兼顾公众的接受能力和阅读体验。在专业性上，科技新闻报道遵循科学规律，尊重事实真相，对科技事件进行深入剖析和解读，确保报道的专业性和科学性。在通俗性上，注重使用通俗易懂的语言和生动的案例，帮助读者更好地理解和接受科技知识。在趣味性上，注重增加趣味性的元素，通过故事化、形象化的手法吸引读者的注意力，提高科学传播的效果。

（3）互动和参与较高的方式。注重与读者的互动，通过多种渠道和方式与读者进行交流和沟通，提高读者的参与度和黏性。一是利用“科学网”等线上平台，与读者进行实时互动和交流，回答读者的问题和疑惑，收集读者的反馈和建议。二是定期举办线下活动，如科技讲座、科普展览、科技创新竞赛等，为读者提供亲身参与和体验的机会。三是通过开展读者调查，了解读者的需求和喜好，有针对性地改进和提高科学传播的质量和效果。

6. 倡导科学伦理道德

科学伦理和道德问题成为科学传播报道的重要议题。在2022～2023年的报纸中，我们看到了大量关于基因编辑、人工智能、生物安全等问题的报道。这些报道不仅关注科技的发展和应用，还对科技可能带来的伦理和道德问题进行深入探讨。这有助于提高公众对科技发展的全面认识，推动科技的良性发展。尊重科学伦理、学术道德，尊重知识产权，谴责学术不端成为普遍共识。

（三）中国报纸科学传播存在的问题

1. 报道质量一般

虽然中国报纸在科学传播方面已经有了很大的进步，但在报道质量上仍然存在一些问题，面对电子阅读的冲击，报纸的读者在流失。首先，一些报道的科学性不够强，缺乏深入的研究和调查，导致有些报道内容可信度和权威性不足。其次，一些报道的语言和表述方式过于专业化，让普通读者阅读有一定难度。此外，一些报道还存在着缺乏创新性和时效性的问题，在满足读者对科学知识的需求方面存在差距。有的科普文章通俗性、趣味性有一定的欠缺。

2. 内容总量偏少

科学内容拥有读者较少是客观事实。中国公民具备科学素质的比例仅为14.14%，新媒体、电子读物分流了部分读者，使读报人数日趋减少。相对于其他领域的报道，科学传播内容的总量偏少。这主要是由于科学传播需要大量的专业知识和研究背景，而目前中国的记者和编辑队伍中文科生较多，具备理工科背景的人才相对较少。此外，科学传播的内容往往需要经过严格的审核和评估，这也增加了报道的难度和时间成本。因此，需要加强人才培养和投入更多的资源来提高科学传播内容的数量和质量。

3. 偏重活动报道

目前，中国报纸的科学传播内容主要集中在科普活动的报道上，而对于科学原理、科学方法、科学精神等方面的传播相对较少。这主要是因为科普活动具有直观性和趣味性，更容易吸引读者的关注。然而，仅仅依靠科普活动传播科学知识是远远不够的，还需要加强科学原理、科学方法、科学精神等方面的传播。科研活动通常面向专业群体，科普活动的总体数量也有限，这在一定程度上限制了报纸的报道范围和深度。科普活动的报道容易流于形式化、表面化，让读者难以更好地理解和应用科学知识。

4. 缺少科学好文

虽然中国报纸在科学传播方面已经有了很大的进步，但仍然缺少深度科学传播好文。一些报道只是简单地介绍科学知识，而没有深入探讨其背后的原理、方法和意义。这样的报道往往缺乏深度和思考，无法让读者对科学有更深入的理解和认识。有些文章主要是根据新闻稿编写，缺少个性与报道深度。

综上所述，针对中国报纸在科学传播方面存在的问题，需要加强人才培养、投入更多的资源来提高报道质量和数量、加强深度科学传播好文的创作和推广等方面的工作。只有这样，才能更好地满足读者对科学知识的需求，推动科学事业的发展。

（四）中国报纸科学传播发展建议

随着科技的飞速发展和全球化趋势的推进，科学传播在报纸等传统媒体中的地位日益重要。为了更好地满足公众对科学知识的需求，推动科学传播在新时代实现创新发展，对中国报纸科学传播的发展提出以下建议。

1. 深化报道内容

加大报道深度。报纸应该增加对科技领域深入报道的篇幅，包括科学家的研究过程、重大科学发现的背景和意义、重大科技项目进展等，让读者更全面地了解科学发展的新进展、新动态、新趋势。

拓宽学科领域。除了传统的自然科学，加强前沿学科和中国公民科学素质基准相关内容的报道，还应该加强对社会科学、人文科学等领域的关注，增加关于科学文化、科学精神、创新氛围等的相关报道，满足不同读者的需求。

密切生活应用。报纸应该更多地报道科技与人们日常生活的联系，如科技在医疗、教育、环保、旅游、饮食、交通、生态多样性等领域的应用，让读者感受到科技对生活的影响。

2. 创新传播形式

增加视觉元素。科学可视性趋势势不可当，报纸应该增加图片、插画和图表等的使用，直观呈现科学数据和成果，增强读者的阅读体验。

音频视频融合。报纸可以尝试把音频和视频元素融入科学传播中，推出一些科技类视频栏目或直播，让读者通过扫描二维码就可以更直观地了解相关科学内容。

互动式阅读体验。报纸可以引入互动式设计，如扫码看视频、答题领红包等，提升趣味性的同时，增加读者的参与度和黏性。

3. 加快数字转型

建设数字化平台。报纸应该加快建立数字化平台，把更多、更新的科学传播内容进行数字化整合，建立全方位、多领域、权威性科学传播资源数据平台，方便读者在线阅读和下载。

适应移动端阅读。报纸可以推出移动端 APP 或微信公众号，适应移动阅读的趋势，让读者随时随地获取科学知识。

数据可视化呈现。利用数据可视化技术将科学数据以更直观的方式呈现给读者，增加短微视频的链接，提高读者阅读体验。

借力于人工智能。人工智能的优势应该加快应用于报纸科学传播方面，辅助记者、编辑撰写高质量科学传播文章，提供翔实、准确的专业内容背景资料、数据，增加读者阅读满足感。ChatGPT 的出现，正在影响和改变着科学传播内容的生产，随之可能带来一系列的变化，报纸要面对新变化，适应新技术，采取新举措，实现新发展。

4. 强化责任意识

传递正能量。报纸在科学传播中应积极传递正能量，引导公众正确看待科技发展带来的机遇与挑战，树立科学的态度和价值观。

关注社会问题。报纸应将科学传播与社会热点问题相结合，利用科学知识解释和解决敏感科学问题，推动社会稳定与和谐发展。

报纸可以开展一系列科普走进基层的活动，派遣记者深入基层一线，考察各类科普活动，如科普讲座、科普讲解、科学实验展示等，提高公众的科学素养和科学意识。

5. 增加国际内容

联合国际媒体。中国报纸可以与国际知名科技媒体进行合作，互派记者编辑交流学习，相互借鉴。共同策划科学传播栏目或活动，引进国际先进的科学传播理念和经验。

举办国际论坛。通过举办国际科学传播论坛或科学传播交流活动，聚集全球顶级科学传播专家、科学家等，促进国际科学传播与合作。

关注前沿科技。报纸应关注全球科技领域的热点事件和前沿成果，及时报道国际科技新闻，普及新技术知识，特别是人工智能和生物技术等高新技术，拓宽读者的国际视野。

在大数据和人工智能广泛应用的背景下，中国报纸应该与时俱进、借力前行，更好地适应时代需求和社会变化，以及读者的阅读偏好，提高报纸科学传播的质量和效果，发挥自身优势，为推动科技进步和全民科学素质的提升作出更大的贡献。

（邱成利、魏永莲、张婷婷）

三

中国期刊科学传播

2022年第12次中国公民科学素质抽样调查结果显示，中国公民具备科学素质的比例达到12.93%。中国公民获取科技信息的渠道，依次为电视（87.7%）、互联网及移动互联网（78.0%）、广播（33.3%）、亲友同事（27.7%）、报纸（27.0%）、图书（23.2%）、期刊（23.1%）等[①]。期刊仍是中国科学传播的重要力量之一。

（一）中国期刊科学传播概况

1. 总量供给稳中有变

《中国科技期刊发展蓝皮书2023》项目组数据[②]显示，至2022年年底，全国科技期刊总量为5163种，较上年增加92种，增幅1.81%。2022年科普期刊为259种，较上年减少12种，减幅为4.43%[③]。这259种科普期刊分布情况如表3-1所示，除了未做统计的港澳台地区，青海省、宁夏回族自治区、西藏自治区三个省区没有科普期刊。期刊整体分布较为集中，中央和国家部委及“北上广”地区的期刊总体占54.83%。其中，中央单位主管的期刊为102种，占39.38%；其次是上海，为21种，占8.11%；随后是广东、湖南，均为11种，各占4.25%。

核验时填报刊期的科普期刊有257种，其中月刊131种、半月刊40种、双月刊37种、旬刊26种、季刊10种、周刊11种、周二刊1种、半年刊1种。

人员数量是做好科普期刊的重要基础，发行量是支撑期刊经营效益的重要指标。2022年，检验时有人数统计的255种科普期刊，刊均11.95人（2021年为12.03人），人数在20人以上的科普期刊有33种（2021年为34种）。人员总数最多的科普期刊达101人，最少的只有1人。有发行量数据的科普期刊为253种，平均期发行量2.14万册（2021年为2.37万册）；期均发

① 高宏斌，任磊，李秀菊，胡俊平，黄乐乐，汤溥泓，苏虹，欧玄子，冯婷婷，李萌，杨建松. 我国公民科学素质的现状与发展对策——基于第十二次中国公民科学素质抽样调查的实证研究[J]. 科普研究，2023, 18(3): 5-14+22+109.

② 如无特殊说明，本章所有原始数据（2023年暂无）均为此来源，均不包含港澳台地区数据。如无特殊说明，本章具体期刊案例中的数据为采访收集所得。

③ 2021年核验的271种科普期刊，在2022年核验数据中有6种未见；2种期刊在上年报告中为非科普期刊，本年报告中纳入科普期刊；8种期刊在上年报告中为科普期刊，本年报告剔除。

行量在 10 万册以上的科普期刊数量为 9 种，比上年减少 2 种；期均发行量最高的科普期刊达 66.39 万册，最低的只有 0.006 万册。

表 3-1 259 种科普期刊在全国（不含港澳台地区）的分布情况

期刊属地	科普期刊数量/种	期刊属地	科普期刊数量/种
中央部委	102	山东	5
北京	8	云南	5
上海	21	河北	4
广东	11	黑龙江	4
湖南	11	湖北	3
四川	9	新疆	6
重庆	8	安徽	2
天津	7	海南	2
广西	8	江西	2
江苏	8	陕西	2
辽宁	7	福建	1
河南	6	甘肃	1
山西	5	贵州	1
浙江	4	内蒙古	1
吉林	5		

2. 优秀期刊可圈可点

为引导期刊更好地服务国家科普能力建设，国家新闻出版署于 2023 年 4 月印发《关于开展“优秀科普期刊”与“期刊优秀科普专栏”申报工作的通知》。经单位申报、专家评审等程序，确定 20 种“优秀科普期刊”（表 3-2）与 20 个“期刊优秀科普专栏”（表 3-3）入选推荐名单。

表 3-2 国家新闻出版署发布的 2023 年“优秀科普期刊”推荐名单

序号	期刊
1	中国国家地理
2	无线电
3	百科知识
4	知识就是力量
5	我们爱科学

续表

序号	期刊
6	少年科学画报
7	十万个为什么
8	小哥白尼
9	问天少年
10	太空探索
11	农村百事通
12	地图
13	科学世界
14	舰船知识
15	环球探索
16	天文爱好者
17	家庭医生
18	大众医学
19	气象知识
20	化石

表 3-3　国家新闻出版署发布的 2023 年“期刊优秀科普专栏”推荐名单

序号	专栏	期刊
1	科技·文化	半月谈
2	科学课堂	环球
3	探索	世界博览
4	科技之美	课堂内外（高中版）
5	南瓜的探索笔记	少年时代
6	科学漫画派	少年电脑世界
7	前沿热事	小爱迪生
8	探秘窗	知识窗
9	奥秘松鼠会	少年博览
10	闪亮的坐标	小火炬
11	呀，不可思议	东方娃娃
12	自然笔记	湖北教育
13	遗产图说	建筑遗产
14	营养课堂	父母必读
15	资源博览	自然资源科普与文化
16	院士跨界高端访谈	上海交通大学学报（哲学社会科学版）

续表

序号	专栏	期刊
17	力学纵横	力学与实践
18	科普园地	矿物岩石地球化学通报
19	科技评述	中国科学基金
20	医学人文悦读	中华围产医学杂志

其中，《问天少年》表现突出，2022年创刊当年即实现赢利，12期发行量超65万册；第二年，印刷量和发行量增长均超35%[①]。尤为可喜的是，在“期刊优秀科普专栏”推荐名单中，诸多非科普期刊榜上有名。

2023年2月7日，由中国期刊协会和中国科普作家协会共同承办的“期刊科普原创好作品”，有44篇（组）文章入选。

入选“2022年度中国邮政发行百强榜”的科普期刊有《中国国家地理》《家庭医生》《医食参考》《课堂内外》《小哥白尼》《博物》《知识就是力量》等7种。入选“2023年度中国邮政发行百强榜”的科普期刊有《中国国家地理》《家庭医生》《课堂内外》《医食参考》《小哥白尼》《问天少年》《知识就是力量》等7种。

入选“2022年农家书屋重点出版物推荐目录”的科普期刊有《大众健康》《百科知识》《气象知识》《兵器知识》《航空知识》《农业机械》《少年科学画报》《科学世界》《中国国家地理》《博物》《环球科学》《农产品加工》《果树实用技术与信息》《科学画报》《大众医学》《家庭用药》《十万个为什么》《农家致富》《少儿科技》《保健与生活》《农村百事通》《农业知识》《家庭医学》《婚育与健康》《农家致富顾问》《科学启蒙》《家庭医生》《人之初》《农村新技术》《电脑迷》《四川烹饪》《科幻世界》《奥秘》《我们爱科学》《父母必读》《小百科》《科学种养》等37种。

入选“2022中国人文大众数字阅读影响力期刊TOP100（国内）”的科普期刊有《科幻世界》《大众健康》《百科知识》《知识就是力量》《祝您健康》《家庭医药》《科学24小时》《百科探秘》《农村百事通》《大众医学》《保健与生活》《大科技·科学之谜》《父母必读》等13种。

---

① 武瑾媛，周好楠，俞敏. 中国原创青少年科普期刊办刊探索与实践——以《问天少年》为例[J]. 编辑学报，2023，35(4)：362-367.

入选“2022 中国人文大众数字阅读影响力期刊 TOP100（海外）”的科普期刊有《大众健康》《食品与健康》《轻兵器》《航空世界》《百科探秘》《百科知识》《科学大观园》《兵器知识》《大众科学》《奥秘》《科学之友》《科幻世界》《健康博览》《飞碟探索》《父母必读》等 15 种。

各种形式的社会认肯，鼓舞并激荡着期刊人的家国情怀和科普使命，使他们坚定前行。

3. 主办单位及读者群

按照期刊管理办法，出版单位的专业分工范围应与主办单位的业务范围一致，且必须在同一城市或同一行政区域。2022 年，259 种科普期刊分属 264 个主办单位，主办 5 种科普期刊的单位有 3 家：北京卓众出版有限公司、北京科学技术期刊学会、上海科学技术出版社有限公司；主办 4 种科普期刊的单位有 1 家：北京《电脑爱好者》杂志社；主办 3 种科普期刊的单位有 5 家：《中国家庭医生》杂志社有限公司、人民邮电出版社有限公司、中国科技出版传媒股份有限公司、中国科学技术出版社有限公司、重庆西南信息有限公司；主办 2 种科普期刊的单位有 20 家：《中国汽车报》社有限公司、北京市疾病预防控制中心、广西师范大学出版社集团有限公司、广西壮族自治区科学技术情报研究所、哈尔滨师范大学、河南教育报刊社、辽宁科学技术出版社有限责任公司、上海百联汽车服务贸易有限公司、上海科技教育出版社有限公司、体坛传媒集团股份有限公司、天津科学技术出版社有限公司、天津师范大学、中国科技新闻学会、中国科教电影电视协会、中国科学院地理科学与资源研究所、中国汽车工业经济技术信息研究所、中国体育报业总社有限公司、中国优选法统筹法与经济数学研究会、中日友好医院、新疆维吾尔自治区科学技术协会。

这 259 种科普期刊种类丰富，依据主要读者群可以分为以下几类：以《博物》《科学大众》《小哥白尼》为代表的面向学生群体的有 74 种（占比为 28.57%），以《航空知识》《兵器知识》为代表的面向特定领域爱好者的有 51 种（占比为 19.69%），以《农家参谋》《农村新技术》为代表的面向农民读者的有 20 种（占比为 7.72%），以《建筑工人》为代表的面向专业人群的有 8 种（占比为 3.09%），其余 106 种（占比为 40.93%）都是面向大众的（未细分特定人群）。大众类科普期刊按照内容又可以分为三类：以《家庭医生》为代表的大众健康类的有 60 种（占比为 23.17%），以《家庭科学》为代表的大众生活类的有 29 种（占比为 11.20%），以《气象知识》为代表的大众科学类的有 17 种（占比为 6.56%）。

（二）中国期刊科学传播特点

1. 深挖内容推出精品

（1）突出本土化、专题化、系列化。来自科学，面向公众，科普可以从身边的科普话题讲起，讲好我们自己的科普故事。例如，《中国国家地理》出版了“瓜果之乡 至美新疆”区域专刊、《江苏专辑》（上下两期）和近 400 页的《海岛专辑》，推出年度“十大天气气候事件”栏目、“长春之城”区域专栏和季节性专题“汛期天气及灾害防御”；《十万个为什么》科学解读二十四节气，为航天科技和“种子计划”编配两本增刊“太空华服”和“植物永生的魔法”。

《博物》攒辑“虎”“鹤”“蜜蜂”“鲨鱼”“蜻蜓”“食蚁兽”等动物专题和“苔藓”“竹子”等植物专题，以及“（汤加海底）火山爆发”专题、“深海潜行”专题和“月球探索”专题。《少年科学画报》围绕冬奥会、爱鸟周、国家植物园和国产大飞机 C919 等主题，编辑了《冬奥会上的新科技》《鸟类“养娃”趣事多》《飞机外形的前世今生与未来》《走进国家植物园 探秘食虫植物》等文章。

（2）契合科技时事、解秘新知热点。航空航天科技领域的瀚阔幽远，看似深不可测、遥不可及，却往往最能拨动人心深处那根好“奇”之“弦”。《太空探索》推出“建站之旅”“船行太空”“问天行动”等专题和《天舟五号：创纪录的宇宙级“带货”》《空间站舱段转位，内行看门道》《中国航天员首次太空会师》等文章，还特约中国载人航天工程空间站系统总指挥王翔撰写了《梦天舱就位，中国空间站 T 字成型》；围绕国外航天热点策划了“詹姆斯·韦布空间望远镜”“可复用运载器”“空间交通管理”“空间天气与航天活动”“低轨星座与军事应用”“阿尔忒弥斯计划”“太空种植”“太空拖船”

等专题。

2. 积极参与主题传播

科普期刊以科普切题，借发展立论，营造氛围从少时学党史，引领读者由小处知国情，聚精会神唱响时代主旋律，坚持不懈抢占科技制高点。

《百科知识》结合中国人民解放军建军 95 周年，刊登了《从“万国牌”到赶超世界先进——中国轻兵器 95 年发展历程回顾》；结合中国共产党第二十次全国代表大会，以“我们这十年”为主题，刊登了《健康中国：人人健康和长寿》《科技中国：从交通大国到交通强国》《美丽中国：绘就新时代“千里江山图”》《文化中国：十年砥砺绘新景》等文。

《气象知识》的“非凡十年”专刊，介绍了党的十八大以来中国气象事业取得的突破性进展和标志性成果。其他主题栏目还有《我们爱科学》的“先锋青年”和《少年科学画报》的“头脑加油站”。

3. 广拓运营增开渠道

（1）线上融媒矩阵竞发。《十万个为什么》致力于转型全媒体期刊，运用 AR 技术，专门开发了“金风车”APP。在电影《流浪地球 2》上映前，配套的系列知识视频课程在腾讯视频独家播放。《博物》新媒体矩阵全网粉丝量超过 1768 万，截至 2022 年年底，其微博粉丝量已经超过 1300 万，微信公众号在 2022 年的推文中有 77 个“10 万+”。《中国国家地理》全媒体平台粉丝量超过 5270 万，旗下有近百个社交媒体账号。《航空知识》全媒体矩阵以学习强国、新华号、央视频、今日头条、抖音、快手等 16 个平台为主，覆盖图文、短视频、中视频、直播等多种形式，年总阅读（收看）量近 1 亿次，新媒体营收年涨幅 30%～50%。《天文爱好者》的“英仙座流星雨”“七星连珠”“航天器成功撞击实践”等系列天文科普直播活动，覆盖抖音、喜马拉雅、知乎等网络平台，观众最高场次超过 1500 万人观看。《少年科学画报》短视频活跃用户 28.1 万，已公益传播 1260 多集短视频，视频总播放量约 1.2 亿次，还凭借其所拥有的 1.5 万分钟高清视频和 19 万张精彩照片，向科普中国、中央广电总台少儿频道等媒体输出内容资源，并与中央广电总台联合制作节目，形成版权收益。

（2）线下活动精彩纷呈。千方百计贴近公众，才是办好期刊的硬道理。《少年科学画报》依靠“一起发现”专栏、作者线上直播和读者线下研学活动、文创产品的统筹策划，探索“出版+”的立体化运营模式。《太空探索》组织开展了“科学家与媒体面对面”活动、“科技民生报告·北斗卫星导航系统”课题研究、科普中国“航天科技解读”项目、中国流动科技馆“致敬航天精神”航天专家回故乡、全国“太空画展”等活动。《无线电》则面向“人工智能”和“编程”领域，开发了系列青少年信息技术培养项目，举办青少年信息技术培养“科技教育”公益讲座，制定“青少年成长优才计划”。《气象知识》支持“3·23 世界气象日”“气象科普进校园”“科技活动周”“全国防灾减灾日”“千乡万村气象科普行”等活动。《航空知识》策划了英国范堡罗航空行等参观航展的活动，以及航空旅游和航空夏令营，并与多地联合举办大型航空赛事。《中国国家地理》举办主题为“聚焦中国特有种，关注生物多样性”的“2022 年中国野生生物影像年赛”。讲求科普实效要“入心”“入脑”，科普活动需要“扑下身子”“到田间”“到地头”。

（3）多元经营，多方联动。在刊言刊不唯刊，刊里耕耘刊外香。《航空知识》同中央广电总台、凤凰卫视、东方卫视、北京卫视、中央人民广播电台、国际广播电台、北京广播电台等 20 多家媒体合作，收听、收看人次达数十亿，还带来发行量和广告收入的增长。

从一本杂志出版到发展成为涵盖书刊出版、广告发行、影视融媒体、文创电商、自然教育、营地乐园体验、科考旅行、产业地理等 19 个业务板块的品牌集合体，《中国国家地理》坚持“内容为王”和“采编与经营分离”，坚定融合发展与转型升级的市场化道路。例如，《219 国道专辑》《身边花草图鉴》《汉字中国》等增刊的联合推广营销，都取得了超预期的效果；《江苏高考附刊》借由与江苏邮政的合作，随高考录取通知书赠送给江苏考生。

4. 公益外延显示担当

科普首先是一项公益事业，在积极传播科学知识方面大有可为。《舰船知识》通过开展国防科普活动增强其社会效益，如“全国舰船及航海知识竞赛”“国防科普进校园活动”和“党建强会科普行”等。《百科知识》以“百科科普阅读基金”的名义，积极募集善款，购买科普图书，捐赠给新疆喀什、内蒙古恩格贝、甘肃灵台等贫困地区的中小学生。《十万个为什么》开设“创娃之星”栏目（启蒙版）、“1538号”营地（探索版）和“乐营地”（发现版），为青少年科普活动提供展示平台，还参与组织了“未来之星”、环球自然日、科普绘画大赛、科学故事播讲赛等活动。《博物》开办公益教育项目“博物课堂”，形式包括校园内外现场讲座、线上音频讲座、线下自然教育小班课程等。

（三）中国期刊科学传播存在的问题

从中国科普事业发展支撑和力量布局来看，259家科普期刊可以说是科普国家队的代表，其他无论是报纸、电视广播、出版社或网络平台，专门承担科普职责的机构平台都没有这么多。

2022年9月，中央办公厅、国务院办公厅印发《关于新时代进一步加强科学技术普及工作的意见》，党的十八大以来，中国科普事业蓬勃发展，公民科学素质快速提高，同时还存在对科普工作重要性认识不到位、落实科学普及与科技创新同等重要的制度安排尚不完善、高质量科普产品和服务供给不足、网络伪科普流传等问题。期刊，特别是科普期刊，也存在一些问题。

1. 数据欠详高矮不齐

我们一方面不安于尽管是不完全的但粗略直观“低产”的数字，另一方面则更忧心于不少科普期刊连读者定位等本底信息都难于网搜查核，更不要说刊文量等统计资料了。

独行快，众行远。科普期刊呈现出两极分化的状况。优秀的科普期刊深受读者欢迎，销量及影响力不断提升。一般的科普期刊则销量、影响力在减少。仅靠屈指可数的几家科普期刊，做得再好，相较中国期刊科普事业来说，也是势单力薄。

2. 产能偏弱投入不足

即便放宽管理至可以按需增发刊号、增扩版面、增开刊期（如月刊转半月刊、周刊等）以扩大载文总容量，但科普期刊的现有产能不足，更遑论新媒体的长势还需要追加额外的新动能了。

在政府层面，中国科技期刊国际影响力提升计划（一期为2013～2015年和二期为2016～2018年）①、中国科技期刊卓越行动计划（2019～2023年）和2023年度中国科技期刊卓越行动计划高起点新刊项目的实践表明，若没有来自财政拨款的强劲哺育，中国科技期刊不要说发展，恐怕连生存都会变得岌岌可危。

在主办单位层面，2023年少儿图书的市场地位首次出现下降，出版商大多担心市场回报不足，势必迟疑于扩大再生产。

3. 科学氛围不够浓厚

中国科普期刊似乎是“喜忧错位”，可喜的一面是潜在市场的体量巨大，堪忧的一面是潜在读者的求知欲不足，突出表现在科技阅读不论在数量，还是在时长方面，都明显不足。

2022年，中国成年国民期刊阅读率为17.7%，较2021年的18.4%下降了0.7个百分点；数字化阅读方式（如网络在线阅读、手机阅读、电子阅读器阅读、平板电脑阅读等）的接触率为80.1%，较2021年的79.6%增长了0.5个百分点。在传统纸质媒介中，2022年，中国成年国民人均日阅读期刊时长为3.15分钟，高于2021年的2.96分钟②。

4. 资源支撑略显不足

（1）科普期刊资源支撑不足。中国科技期刊国际影响力提升计划和中国科技期刊卓越行动计划，可谓十年“树刊”，而那些还没能“树”起来的期刊中的一部分，这些既有办刊队伍，又有办刊经验的期刊资源存量，有可能顺势转化为科普期刊吗？

（2）科普人力资源支撑不足。做好科普期刊需要高素质、高水平的专业人才。2023年4月，中国科协试点开展在京中央单位自然科学研究系列科普

---

① 佘诗刚，马峥，许晓阳. 中国科技期刊国际影响力提升计划实施效果与分析[J]. 中国科技期刊研究, 2018, 29(4): 313-320.

② 第二届全民阅读大会. 第二十次全国国民阅读调查成果[EB/OL]. 2023[2023-04-23]. https://www.nationalreading.gov.cn/wzzt/dejqmyddhzq/cgfb/202304/t20230423_713063.html.

专业职称评审工作。科普专业的跨界性和泛在性要求科普人才的综合能力广、社会责任强，但科普工作的成效评估难、经济回报低，这都使得“靠爱发电”的萤烛之光难于演成炬焰之烈。

（3）科普素材资源支撑不足。2023 年 11 月 1 日，“PubScholar 公益学术平台”在中国科学院文献情报中心正式发布。“公益学术平台”旨在为中国科技界和全社会提供高质量的公益性学术资源，提供学术资源检索发现、内容获取和交流共享等基础服务。该平台由中国科学院文献情报中心、中国科学院计算机网络信息中心、中国科技出版传媒股份有限公司（科学出版社）为主建设，创新了学术资源共建共享模式。目前可检索的资源量约 1.7 亿篇，可免费获取的全文资源量约 8000 万篇。在功能方面，“公益学术平台”提供公益性学术资源的集成检索发现、可获取全文资源的多途径导航、集成科大讯飞翻译引擎、主动推送高价值文献、个性化学术资源的组织管理、开放型学术资源的交流与共享等六大功能。后续二期建设将继续丰富学术资源，完善服务功能，持续提升精准、智能、高效和易用服务能力，努力发挥好聚资源、塑模式、建生态、促创新的作用。

除文献外，科普创作也殷切期待着图片、音频（包括背景配乐）、视频、影像等公益素材平台的全面支撑。

（四）中国期刊科学传播发展建议

科学不仅是中国的，更是世界的。时逢“百年未有之大变局”，服务“人类命运共同体”，我们应借鉴国外的经验，推进科普期刊的国际化，提高中国科普期刊的国际化水平。为加快促进科普期刊的自律自强，首当其冲的是要重点解决好组织集群化、技术平台化、评价规范化、服务赋能化和样态智能化等发展方向。

1. 组织集群化

为从组织上解决中国科普期刊历史遗留的“小”“弱”“散”“慢”等老大难问题，建议加强诸如中国期刊协会科普期刊分会和中国科普期刊研究会之类的行业性团体组织的专业指导，鼓励科普期刊按地域、按学科①、按行业“抱团”谋发展，“组团”上规模，合力打造具有市场竞争力的科普期刊集群。

2. 技术平台化

为从技术上解决可查重、可检索、可交互、可计量、可转化知识服务、可升级人工智能（artificial intelligence，AI）等难题，建议加快构建中国科普期刊全文平台。借由平台，便利业内观摩交流，在“比”中“学”，在“赶”中“练”。平台也是业外集体展示窗口，“化化妆”“美美颜”，才好吁请社会各界的关注和支持。

3. 评价规范化

为从评价上规范中国科普期刊的体系建设，发展质量上乘、传播广泛、服务有力的高水平科普期刊，需要强化引领，建立科学合理、全面客观且符合新时期科学传播规律及公众科学阅读习惯的评价标准。一是开展科普期刊分级目录工作②，促进科普期刊整体发展，引领科普期刊不断繁荣。二是强化标准建设，分级分类制定科普产品和服务标准，实施科学素质建设标准编制专项，推动构建包括国家标准、行业标准、地方标准、团体标准和企业标准的多维标准体系。

4. 服务赋能化

（1）科研成果转化科普。2023 年 9 月，国家自然科学基金委员会提出关于新时代加强科学普及工作的意见。“以让基础研究走进社会、让社会理解基础研究为主题，以科学基金资助创新项目资源科普化为主线”，“完善成果转化平台建设，适时将科学基金资助成果转化为科普化表述，强化对成果的推广普及，促进成果的应用落地与转移转化”。

普及是科技成果转化的第一步。如果不向科技创新取材，科学普及就会

---

① 中国科学技术期刊编辑学会. 专业学科刊群建设的共识（中国南京 2023 年第一版）[EB/OL]. 2023[2023-12-07]. https://mp.weixin.qq.com/s/orl8RpYoWSEM_uY3LLc4gA.

② 中国科学技术协会. 高质量科技期刊分级目录总汇第三版发布公告[EB/OL]. 2023[2023-12-05]. http://www.cast.org.cn/xw/tzgg/KJCX/art/2023/art_a46ba372e0064dfc8dc4c03289a8920d.html.

变成无源之水；而如果不自科学普及起步，科技创新就会变成无果之木。

（2）做好科学教育“加法”。在认真总结前些年工作经验和教训的基础上，深入分析《全民科学素质行动规划纲要（2021—2035 年）》指导的“应为”和科普期刊实践的“可为”之间的差距，分别按读者类群和行业领域制订行之有效、评之有据的科学传播活动。例如，在“双减”趋势下，如何做好科学教育的“加法”。半建制化、半贯通式和半晋阶化的特点，注定了科学教育的主要目标是做大、做厚人才储备金字塔的“基座”，而非一味强求拔苗助长出“塔尖”。

（3）科普期刊服务社会。在高等教育尚未普及的相当长一段时期内，作为科技与社会之间的“转译接口”，科普需求的源头自然是从读者中来，科普成效的指归当然是到社会中去。构建畅通的“转译接口”，要求科普期刊进校园、进社区，力改“天女散花”为“有的放矢”。各行各业都在“科普+”上多花心思、多做文章，加快实现科普倍增效益和从业人员素质的双提升。

5. 样态智能化

（1）在内容上。以人工智能的理论进展和技术应用为专题，结合不同读者群的兴趣点和接受度，常年策划实施晋阶化的系列图文、视频、课程、实际操作、赛事等。尽管人工智能还不是万能的，但在人工智能日渐无孔不入的“AI时代”，不懂人工智能的基本原理、不会人工智能的日常应用是万万不能的。

（2）在流程中。加快探索人工智能技术在科普期刊选题策划、内容编审、音像制作、传播发售等例常工作中的创新应用。AI 的加持，固然可望降本增效，但这种新动能的内化吸收和外显功效，一方面牵引着办刊人员在技能上的换代升级，另一方面也催逼着期刊运营在经费上的追加投入。

随着以 AIGC（artificial intelligence generated content，生成式人工智能）为代表的人工智能的火爆出圈及在各行业领域比测落地，科学传播必将从“数字升级”迅速穿越到“智能生成”的样态和时代。一旦很多“知识性”问题都可以从人工智能那里“一键”得到答案，势必给科普期刊的科学传播带来巨大挑战，或许对期刊也是一个创新再生的新机会。

（盖　宇、侯俊琳）

四

中国图书科学传播

图书作为传播科学知识的重要载体，对于提高公众科学素养、促进科学知识的普及具有重要意义。读书，特别是阅读科普图书，是公众获取科技知识的重要途径和渠道。

（一）中国图书科学传播概况

全国目前共有 586 家出版社，其中国家部委出版社 219 家，虽然占比不足 40%，但充当着科普出版的主力角色。367 家地方出版社，各家都有独特的出版资源。110 家大学出版社，因背靠雄厚的师资和实验设备等资源，科普出版可谓优势明显[①]。在过去两年里，中国的图书市场呈现出稳步发展的态势，图书出版种类丰富多样，涵盖了自然科学、社会科学、医学、农业等多个领域，以满足不同读者的需求。这一时期，科普图书的出版种类、发行数量及儿童科普图书的种类均有所增长，反映出科普图书市场的活力和潜力。中央宣传部、国家新闻出版署在 2023 年主题出版重点出版物选题方面，把科普图书作为重要的资助出版内容，在 170 种资助选题中，图书选题达到 150 种，音像电子出版物选题 20 种，其中科普图书 9 种，分别是《走向科技自立自强》（中国科学技术出版社）、《超级装备》（电子工业出版社）、《科技强国——给青少年讲述中国当代重大科技成果》（南京出版社）、《中国空间科学卫星之书 • 寻找暗物质的“悟空号”》（湖南科学技术出版社）、《一生只做一件事：“两弹一星元勋”朱光亚》（青海人民出版社）、《袁隆平传》（中信出版社）、《十万个健康为什么丛书（健康一生系列）》（人民卫生出版社）、《美丽的中国——看见野生动物》（中国林业出版社）、《远方的路 •“一带一路”科学绘本（全 6 册）》（北京科学技术出版社），这对作者、出版社和广大读者是重大利好。在国家科技奖励科技进步奖中设立科普作品奖，已经奖励了 58 部优秀科普作品。科技部每年组织全国优秀科普作品推荐活动，推荐 100 部全国优秀科普作品，对鼓励科普图书创作出版发挥了重要作用。中国科学院、中国科协等部门资助科普图书创作出版，开展各种形式的优秀科普作品资助和评选活动，有效调动了科技人员从事科普创作的积极性。地方党委宣传部门、科技管理部门、科协组织等资助或推荐优秀科普作品，激发了社会

① 苏青. 科普出版呈现四大格局[N]. 科普时报, 2023-12-29(5).

各界人士的科普创作热情。

1. 科普图书种类丰富

2022～2023 年，出版人都在行业复苏中忙碌着，有坚守、坚持，也有创新探索。线下活动重启，从全国性书展到各地涌现的书展、读书会等活动，见证了全民阅读推广十年来社会层面形成的良好氛围；多数出版机构出版的品种数上升，市场端的动销品种和动销新书品种均在回升。在出版种类方面，科普图书涵盖了多个领域，涉及内容十分广泛。随着科技的不断进步和公众对科学知识需求的增加，科普图书的种类日益丰富。除传统纸质图书外，还出现了越来越多的电子版科普图书、立体科普书、图书实验包等，为读者提供了更多的选择。

2. 发行数量快速增长

在发行数量方面，科普图书市场呈现出稳步增长的趋势。据科技部公布的 2022 年度全国科普统计数据，2022 年全国科普图书发行量约为 1.04 亿册，比 2021 年的 8559.89 万册增长 21.4%[①]。这一增长主要得益于公众对科学知识需求的增加、政府对科普工作的重视，以及出版社的创新和推广。短视频渠道以极快的增速和极大的增幅成为书业最重要的发行渠道之一。一些头部主播甚至成为出版机构业绩依赖的重要对象。开卷数据显示，2023 年短视频电商依然呈现高速增长态势，同比增长 70.1%，成为带动整体零售市场增长的主要动力。实体店渠道依然呈现负增长，同比下降了 18.24%，平台电商和垂直及其他电商分别下降了 3.68%和 10.08%。短视频电商同比增长 70.1%，占零售市场的 26.67%，成为仅次于电商平台的第二大图书销售渠道，同时也带动整个零售市场的增长。

一些科普图书凭借其独特的科学内涵和广泛的读者群体，成为畅销图书。这些图书涉及的领域广泛，通过通俗易懂的语言和生动的案例，向读者传播科学知识，满足不同年龄段和不同需求的读者群体。在发行数量方面，科普图书市场呈现出稳步增长的趋势。其中，青少年科普图书占据了相当大

① 科技部．科技部发布 2022 年度全国科普统计数据[EB/OL]．2024[2024-01-11]．https://www.most.gov.cn/kjbgz/202401/t20240111_189336.html.

的市场份额，成为科普图书市场的一大亮点。同时，一些科普图书凭借其独特的创意和新颖的风格，赢得了广大读者的喜爱，成为畅销图书。

3. 青少科普图书增长

青少年科普图书是科普图书市场的重要组成部分。随着家长和教育机构对青少年科学教育的重视，青少年科普图书的种类也日益丰富。这些图书以生动有趣的方式向青少年传授科学知识，激发他们对科学的兴趣和好奇心。

青少年科普图书近两年来呈现出快速增长的态势。这类图书以激发青少年对科学的兴趣、培养他们的科学素养为目标，内容涵盖广泛。在编写方面，青少年科普图书注重趣味性和互动性，通过生动的故事、丰富的插图和实验等形式，让青少年在轻松愉快的氛围中学习科学知识。同时，一些优秀的国外青少年科普图书被引进到中国，丰富了中国青少年科普图书市场，许多优秀的国外青少年科普作品深受读者喜爱，英国的“DK 系列”科普图书受到读者格外欢迎。

随着科技的发展和教育的改革，青少年科普图书也在不断创新和升级。一些出版社与教育机构、科研机构合作，推出了一系列具有前瞻性和科学性的青少年科普图书，这些图书不仅具有高度的知识性，还注重培养孩子的创新思维和实践能力。有些科普图书在训练青少年动手能力方面做出了新的尝试。

（二）中国图书科学传播特点

中国科普图书市场呈现出一些显著的特点，其一是内容新颖、注重实用，畅销科普图书往往关注当前的科学热点问题，提供实用的解决方案，满足读者的实际需求；其二是风格通俗易懂、风趣幽默，科普图书的目的是让更多的人了解科学知识，因此畅销科普图书通常兼具通俗易懂的语言和生动幽默的表达方式；其三是形式图文并茂、一目了然，图片和绘画的增多，增强了可读性，图片也有助于读者对内容的理解。这些特点不仅反映了科普图书的发展趋势，也体现了中国科普工作成效和公众科学素养的提高。

科技部在 2022 年全国优秀科普作品推荐活动中共收到推荐作品 484 部（套）。经形式审查、专家评审，评选出张藜、任福君主编，由北京少年儿童出版社、北京出版集团出版的《“共和国脊梁”科学家绘本丛书》（8 册）；分别由周琪主编，丁奎岭、黄少胥、葛航铭著，陈佳洱、张闯著，戎嘉余、周忠和主编，科学普及出版社出版的《科普中国书系·前沿科技》丛书（4 册）；法国的尼古拉斯·科尔蒂斯、罗曼·乔利维、让-亚瑟·奥利维等著，天津出版传媒集团、天津科学技术出版社有限公司出版的《目瞪口呆看地球》等 100 部（套）全国优秀科普作品。在“典赞·2022 科普中国”盛典特别节目中，揭晓 2022 年度十大科普作品。《山川纪行——臧穆野外日记》《古建奇谈——打开古建筑》《医学的温度》《典籍里的中国工匠》4 部科普图书入选。中国科普作家协会公布第七届“中国科普作家协会优秀科普作品奖”，共评选出科普图书类特别奖作品 2 种，金奖作品 10 种，银奖作品 19 种；青年短篇科普佳作类金奖作品 9 篇，银奖作品 20 篇。2022 年，第 11 届吴大猷科学普及著作奖结果公布，由中国科学报社组织评选推荐的大陆地区作品《计量单位进化史：从度量身体到度量宇宙》获创作类银签奖，《时间的真相》获创作类青少年科普特别推荐奖，《冰洲上的游戏：段煦南极博物笔记》《植物的“智慧”》《深海浅说》《医学的温度》《数学与艺术》《百年科学往事：杨振宁访谈录》《榫卯的魅力》获创作类佳作奖，《噪声》《彼岸：博物学家古尔德生命观念文集的末卷》获翻译类佳作奖①。

科技部在 2023 年度全国优秀科普作品推荐中，共收到 475 部（套）作品；经形式审查、网络和会议评审并公示无异议后，共评出郭睿、高芫赫、时光（著），湖南科学技术出版社出版的《中国空间站：我们的太空家园》等 100 部（套）作品作为 2023 年度全国优秀科普作品。

1. 原创图书数量增加

随着国内科技创新水平的提升和科普事业的持续健康发展，科学家从事原创科普图书的积极性明显增强，原创科普图书数量不断增加。这些原创图书注重科学性、通俗性和趣味性，通过深入浅出的方式向读者传播科学知识。同时，原创科普图书的题材也更加广泛，涵盖了现代科技的多个领域，满足不同读者的需求。例如，《随“蛟龙”探深海》由唐立梅著，中国妇女出

① 【中国科学报】第 11 届吴大猷科学普及著作奖揭晓[EB/OL]. 2022[2022-07-19]. https://www.cas.cn/cm/202207/t20220719_4842023.shtml.

版社出版。作为首位下潜至 2774 米深海的女科学家，作者以亲身经历为读者揭示了海洋的神秘与奇幻，内容精彩而富有启发，值得一读。

2. 图文并茂成为趋势

为了更好地吸引读者，科普图书在排版和设计方面不断创新。越来越多的科普图书采用图文并茂的形式，通过精美的插图、图表和照片，直观地呈现科学知识。这种形式不仅提高了科普图书的可读性，也让读者可以在轻松愉快的氛围中学习科学知识、技术方法、实用技能等。

3. 引进作品水平较高

在引进国外优秀科普作品方面，国内出版社表现出色。这一时期，翻译作品的水平不断提升，引进的科普图书涵盖了世界主要国家的优秀作品，特别是美国、英国、法国、德国、日本等发达国家的科普作品被引进、翻译出版，满足了读者多样化及个性化的阅读需求。这些作品通过严谨的翻译和本土化的改编，让国内读者能够接触到国际前沿的科学知识和科学家的思考方式、成长故事。

4. 青少作品颇受欢迎

青少年科普图书作为科普图书市场的重要组成部分，特别是绘本受到了广泛欢迎。这些作品通过生动有趣的故事、丰富的插图和互动实验等形式，激发青少年对科学的兴趣和好奇心。同时，青少年科普图书还注重科学性和教育性的结合，通过讲故事的方式，传播科学知识，激发青少年的科学好奇心，有助于培养青少年的思维能力和实践能力，将青少年带入科学的殿堂。

5. 科技专家热衷创作

越来越多的院士、青年科学家、教师、科普工作者开始投身于科普创作中，一批优秀的归国年轻学者投身于科普创作或翻译国外优秀科普作品，这是科普图书质量提升的重要原因之一。这些专家凭借其深厚的专业知识和丰富的实践经验，把复杂的科学原理和知识以通俗易懂、直观生动的方式呈现给读者。汪品先院士著，上海科技教育出版社出版的《科坛趣话：科学、科学家与科学家精神》就是一部佳作，以全新的视角解读科学家，揭示科学家真实生活，文笔优美、图文并茂、妙趣横生，通过一连串科学家的故事和趣闻，阐述科学的文化本性。

（三）中国图书科学传播存在的问题

尽管中国图书科学传播、创作出版取得了一定的成绩，但与发达国家的优秀科普图书还存在一定的差距，与广大读者的不断增长的对优秀科普图书的热切需求相比，还有不小的距离，在科普图书创作方面仍存在一些不容忽视的问题。

1. 总体创作水平一般

虽然原创科普图书的数量有所增加，但整体质量有待提高。部分科普图书在科学性、通俗性和趣味性方面表现一般，未能很好地满足读者的阅读需求。这可能与作者的创作水平、编辑的审核力度，以及市场需求的不确定性有关。往往是科学性强的作品，艺术性有些欠缺；文学性强的作品，科学性较弱，在科学性与艺术性的结合方面尚需努力。

2. 畅销作品难觅踪影

在科普图书市场中，难以涌现出具有广泛影响力的畅销作品。销量超过十万册的图书微乎其微，通常的作品销量只有几万册，甚至更少。不少科普图书销量仅为3000册，销量超过10 000册的科普图书数量有限。相比于其他类型的图书，科普图书在市场上的份额相对较小，且读者的选择较为分散，导致难以形成具有较大影响力的畅销作品。此外，科普图书的宣传和推广力度也有待加强。

3. 科普丛书量多质低

在市场上存在众多科普丛书，虽然不乏优秀的科普丛书，但其中有些作品的质量参差不齐，动辄十余册，甚至几十册的丛书，超出读者的实际需求。一些丛书为了追求数量而忽略质量，导致内容重复、“注水”过多、缺乏创新，甚至存在一些科学常识错误。这种现象影响了科普图书的整体声誉，削弱了读者的阅读兴趣，也造成了资源的浪费。个别科普图书定价偏高，抑制了读者的购买兴趣。有些科普图书过度包装、夸大其词、内容“缩水”，名实难符。

4. 前沿科学涉及较少

目前，科普图书涉及的题材仍以传统科学技术领域基本原理、常识为主，对于新兴的前沿科学领域涉及较少。随着科技的飞速发展，新兴领域，如生成式人工智能、基因编辑、量子计算等逐渐成为公众关注的焦点，但相关科普图书的出版相对滞后，导致读者对于新兴科技的了解和认识有限，也制约了科学传播的广度和深度。

5. 青少图书良莠不齐

青少年科普图书市场虽然蓬勃发展，但品质上存在不均衡的问题。一些青少年科普图书在内容深度、插图质量、互动性等方面表现优秀，能够激发青少年的好奇心和探索欲望；然而，也有一些图书在科学性和教育性上存在不足，或者过于简单化，科学含量和知识含量较低、较少，趣味性不足，未能满足青少年迫切的求知欲与对科学的好奇心。这种品质不均的现象在一定程度上影响了青少年科普图书市场的健康发展。

科普图书的科学传播还受到传播渠道的限制。目前，科普图书的传播主要依靠传统的书店销售和网络平台推荐。然而，这些渠道对于目标读者的覆盖有限，且受到新媒体和数字阅读的冲击较大。缺乏有效的科普图书传播渠道，使科普图书的影响力难以扩大，也制约了科学知识的普及和传播效果。一些网络平台要求出版社把科普图书售价定高，再采取打折方式销售，也使图书销售渠道不同，价格差异较大，陷入一种“乱”的状态。

（四）中国图书科学传播发展建议

中国科普图书市场的发展呈现出一系列新的积极变化，显示出良好发展势头。为了提升新时代中国科普图书的质量和影响力，出版高质量的优秀科普作品，还需要作出艰苦的努力，需要政府部门、科技界、教育界、出版界和广大读者共同努力，采取一系列有力措施来促进科普图书的创作、出版和传播。

2023年是“生成式人工智能元年”，以ChatGPT为代表的生成式人工智能席卷全世界，也许未来出版业会被重写、改造。生成式人工智能在“AI+教育”“AI+出版”的应用方面被认为能够引领出版业，乃至文化创意产业的生产力变革，包括采集、编辑、传播等环节，有助于加快内容生产效率，提高内容质量，扩宽内容影响力，从而带来市场的持续增长①。

1. 资助原创科普图书创作

建议政府和社会各界通过设立科普图书奖项、提升奖励级别和奖金、设立国家科普创作基金等方式，鼓励和资助原创科普作品的创作。这将有助于提高科普图书的整体质量，促进科普作家的成长和科普图书的多样化发展。同时，通过资助优秀的原创科普作品创作翻译为外文在他国出版，让中国科普作品走出国门，走向世界，可以提升中国科普图书在国际上的影响力，传播中国科学精神并讲好中国科学故事。

2. 发布科普图书创作指南

为了提高科普图书的创作水平，党委宣传部门、政府科学管理部门、出版主管部门、中国科普作家协会等部门或组织可以发布年度、跨年度科普图书创作指南，为作者创作提供指导性的意见和建议，减少相关信息的不对称性。创作指南可以涵盖选题策划、内容撰写、插图设计、出版时间等方面，帮助作者了解科普图书的创作规范和标准、资助的主要方向，以及了解社会需求，以提升作品的科学性、质量和水平。

3. 发行数量作为评奖指标

在各类优秀科普图书评奖中，应当把发行量作为评价指标之一，以鼓励

① 黄璜. 2024年，书业迎来真正大考[EB/OL]. 2024[2024-01-08]. https://mp.weixin.qq.com/s/jDdMK3pg7jhnx-fUyF3Jyg.

更多优秀的科普作品获得广泛的传播和认可。省部级以上评选优秀科普图书的标准，应当把发行量定为 1 万册以上，国家级优秀科普作品的评选标准应当把发行量定为 3 万册以上。通过把发行量与奖项挂钩，可以引导出版社和作者更加关注市场需求和读者反馈，鼓励出版优秀科普图书，减少种类，提高质量和销量，提升科普图书的传播效果，推动科普图书的普及和影响力提升。

4. 积极借鉴国际成功经验

在推动科普图书发展的过程中，可以借鉴发达国家的成功做法和经验。例如，学习国外科普图书的创作模式、出版机制和市场推广策略，引进国外优秀的科普作品并进行本土化改编。同时，可以加强国际科普合作与交流，共同推动中国科普图书事业不断改革创新，实现快速发展。

综上所述，为了提升中国科普图书的质量和影响力，需要从多个方面入手，加强原创作品的资助、发布创作指南、把发行数量纳入评奖指标中。

（邱成利）

五

中国广播科学传播

科学技术驱动广播发生深刻的变革，广播突破FM频率局限，构建全媒体传播体系。一方面，一些运营管理滞后的传统频率关停或转型；另一方面，新兴科技开辟了广播的新空间，广播以音频、图文、视频、音视频直播等多样化方式，拓宽全媒体传播渠道，这使得广播科学传播面向更加广阔的网络空间。党的二十大报告指出，要加强全媒体传播体系建设，塑造主流舆论新格局。全媒体传播体系是贯穿着整体思维、协同思想的有机系统。新广播作为担负科学传播社会责任的新型主流媒体，始终坚持守正创新，传播主流价值观和社会正能量，持续丰富科学传播内容，创新科学传播方式，拓宽科学传播渠道，是中国科学传播版图中不可或缺的媒体力量。科技部发布的2022年度全国科普统计数据表明，广播电台播出科普（技）节目总时长16.46万小时，实现多渠道、多时段、多地域、多人群的广泛覆盖。

（一）中国广播科学传播概况

1. 广播科学传播践行媒体四力

中国拥有全球规模最大的广播电视网络，是无线电技术应用大国。2022年12月30日，工业和信息化部发布《地面无线电台（站）管理规定》，对地面无线电业务，包括固定业务、移动业务、广播业务、无线电测定业务、气象辅助业务、标准频率和时间信号业务等加强规范管理，维护空中电波秩序，保证无线电事业的安全规范运行。无线电广播在科学传播中发挥了重要作用。在新兴技术的驱动下，无线电广播、数字广播、网络广播、移动广播、智能广播、云广播等共同构成当今广播的新格局。

广播在科学传播中发挥主流媒体的传播力、影响力、引导力、公信力。广播报道重大科学成果、重大工程建设、乡村振兴、医药健康、自然生态、环境保护等领域前沿动态，向大众普及科学知识，倡导科学精神，提升公众科学素养。

随着媒体融合深入发展，传统广播节目的数量和广告收入均呈下降趋势，但与此同时，网络视听节目数量不断增长。广电总局发布的《2022年全国广播电视行业统计公报》显示，全国广播节目制作时间787.65万小时，同比下降 3.08%；播出时间 1602.15 万小时，同比增长 0.80%；广播广告收入 73.72 亿元，同比下降 28.09%。网络音频节目数量和时长持续增多，年度新增互联网音频节目 6005.60 万小时，网民人均每天收听互联网音频节目约 20 分钟①。

用户收听网络音频的主要目的是娱乐休闲和学习知识，分别占比 47.9% 和 30.0%，七成用户进行“深度阅读”。网络音频的完播情况调查显示，33.2%的网络音频用户“认真听完整期节目”，24.5%的用户“能认真听一大半的内容”。《中国网络视听发展研究报告（2023）》显示，我国短视频用户规模持续增长，截至 2022 年 12 月，网络视听用户规模达 10.40 亿，超过即时通讯（10.38 亿），成为第一大互联网应用②。短视频成为广播破圈的重要路径。广播科学传播以节目视频化为突破口，构建全媒体传播矩阵，扩大科学传播的影响力。

2. 重大科技成果报道引人瞩目

广播电台积极发挥科学传播主阵地、主力军作用。广播记者深入新闻现场，客观、真实、严谨、准确地报道大量科技新闻，采访院士专家，邀请科技工作者与听众交流对话。广播电台开设科学节目，进行新闻直播报道，组织多种多样的科学传播活动，如科学论坛、演讲、科普宣讲等，向大众普及科学知识。

2022 年以来，广播发布了许多重大科技成果，包括“中国天眼”（FAST）系列成果，“力箭一号”首飞成功，中国空间站完成在轨建造，“夸父一号”发射成功，国家重大科技基础设施“稳态强磁场实验装置”实现重大突破，我国科学家发现玉米和水稻增产关键基因，首次发现并证实玻色子奇异金属，以及“巅峰使命”珠峰科学考察活动等，这些新闻报道引起世界瞩目，凸显广播作为主流媒体的科学传播作用。

在第 32 届中国新闻奖中，多家广播电台创作的科学传播题材新闻作品获奖，其中包括生态环境保护、航空航天、农业科技、自然文化遗产保护、动

---

① 国家广播电视总局. 2022 年全国广播电视行业统计公报[EB/OL]. 2023[2023-04-27]. http://www.nrta.gov.cn/art/2023/4/27/art_113_64140.html.

② 朱虹.《2023 中国网络视听发展研究报告》在四川成都发布[EB/OL]. [2023-03-29]. 人民网 http://sc.people.com.cn/n2/2023/0329/c345167-40356870.html.

物多样性、碳达峰碳中和、应急广播科普等类型（表 5-1）。广播专题节目《老唐卖“碳”记》报道安徽省林业碳汇交易第一单在宣城市签约，以碳汇交易方式为企业抵消碳排放，实现“双碳目标”，保护生态环境，在全国率先探索出一条经济且有效的固碳新路径。广播消息《我国首条小卫星智能生产线首颗卫星下线》报道我国首条小卫星智能生产线首颗卫星下线及其对航空航天事业发展的意义。广播消息《歼-20 用上了“中国心”》报道大国重器歼-20 换装国产发动机，展现新时代中国航空工业发展的重大成就，标志着中国国防科技实力的重大提升。广播新闻访谈节目《同唱生态歌，共护幸福河》在黄河入海口生态监测中心的全流域生态监测大屏前设置直播现场，报道党的十八大以来黄河流域生态保护和高质量发展成果，访谈内容具体生动，富有感染力。

表 5-1　第 32 届中国新闻奖广播获奖作品（科学传播题材）

广播新闻获奖作品	获奖单位	奖项
老唐卖“碳”记	安徽广播电视台	新闻专题一等奖
村村响大喇叭	湖南广播电视台	新闻专栏一等奖
我国首条小卫星智能生产线首颗卫星下线	湖北广播电视台	消息二等奖
青山妩媚·万物生长——《生物多样性公约》第十五次缔约方大会特别直播	四川广播电视台	新闻直播二等奖
同唱生态歌，共护幸福河	山东广播电视台	新闻访谈二等奖
零的突破！中国双季旱粳稻在江西诞生	江西广播电视台	消息三等奖
歼-20 用上了“中国心”	珠海广播电视台	消息三等奖
脉动泰山	中央广播电视总台	国际传播三等奖
守护湿地“三宝”	辽宁广播电视台	国际传播三等奖
对话长江　看见中国	重庆广电集团（总台）	新闻直播三等奖

（信息来源：中国记协网）

3. 广播科普节目追热点创新意

广播科普节目往往围绕社会热点新闻，邀请科技领域专家来到直播室，接听热线电话，为听众答疑解惑。广播科普节目类型众多，包括前沿科学信息、日常生活科技知识、少儿科技常识、自然科学、工程科学、环境科学、军事科技等。在采编流程中，广播科普节目经过规范严格的审稿把关环节，内容具有可信度、权威性、专业性、指导性。随着社交媒体兴起，许多打着科普旗号的信息在网络中涌现，鱼龙混杂、良莠不齐，一些信息内容被故意夸大、扭曲，以吸引流量，误导大众。广播科普节目还承担着辟谣功能，为大众提供高质量的科学节目。

广播科普节目具有新闻性。广播科普与新闻相结合，紧跟科技前沿动态，结合社会关注热点，探讨新闻背后的科学。2023 年 5 月，中国科协青少年科技中心与中央广电总台“中国之声”、央视频联合举办“大师课堂：科学家讲科学”活动，20 位院士开展科普主题演讲，介绍我国科技创新成果与前沿动态，内容包括 5G 通信、火星生命、人工智能、纳米科技、极地生态等，营造热爱科学、崇尚创新的良好社会氛围。该节目在广播端、电视端、网络平台同步播出，获得很好的传播效果。国家应急广播在 5 月 12 日全国防灾减灾日、9 月 1 日“开学第一课”、11 月 9 日第 31 个全国消防日等重要时间节点，开展广播直播、科普讲座、科普活动，引导听众学习科学技能，提高科学意识。北京新闻广播《照亮新闻深处》是一档新闻类科学节目，该节目聚焦科技创新领域的新闻，以科学视角分析解读热点新闻事件中蕴含的科学知识。

广播科普节目增强故事性。广播科普节目以叙事手法讲述科学故事、人物故事，形式灵活多样，生动有趣。儿童科普情景剧设计多种故事角色，将科学知识融入故事情节，配以音乐渲染情感，利用音响塑造场景，打开一个故事空间，富有艺术感染力，深受青少年的喜爱。少儿科普广播剧《十万个为什么》上线喜马拉雅 FM，面向 7～12 岁听众，共设置 150 集小剧场、150 集微档案，融入互动和提问环节，带领青少年探索奇妙的科学世界，激发兴趣与好奇心，培养科学思维。该广播剧集的收听量共达 1640.1 万，AI 讲读版也同期上线①。

广播科普节目富于创新性。首先是传播平台融合，广播以移动端为优先，建设自主可控的客户端（表 5-2），布局社交传播平台，通过微信公众号、视频号、抖音、B 站等渠道传播，构建广播科学节目的全媒体传播体系。其次是技术融合创新，广播科普节目采用人工智能语音、虚拟现实等新技术，创造虚实共生的声音空间，使广播科学内容可以嵌入各种传播情境。

① 《十万个为什么》少儿科普剧[EB/OL]. [2022-07-06]. 中新网上海. https://www.sh.chinanews.com.cn/kjjy/2022-07-06/101064.shtml.

例如，广东广播电视台粤听客户端《应急科普知识》利用AI虚拟主播传播科普知识。AI虚拟主播能够24小时不停播，嵌入各种智能终端、车载终端，满足听众移动化、个性化的收听需求。再次是创作团队的组织创新，一些由自媒体科普人组成的科普联盟活跃在网络平台，开办主播科普讲座，组织社区科普宣讲、科普展览和科普研学等活动。

表5-2 广播客户端部分代表性科学节目

广播科学节目	播出频率或平台	收听量/万
大师课堂：科学家讲科学	中央广播电视总台“中国之声”	23.15
小喇叭·科普知识	中央广播电视总台“中国之声”	2840.69
非常科学	中央广播电视总台“经济之声”	65.86
走近科学	中央广播电视总台	6.22
科学声音	阿基米德	147.2
应急科普知识	广东广播电视台粤听客户端	3.4

（数据截至2023年9月30日）

4. 农业科普助力我国乡村振兴

广播电台与科普机构合作，开办农业科普热线，组织农技科普下乡，报道农民的盛大丰收节。农业科技人员深入江河湖塘、田间地头，为农民带去科技种田、科学养殖等实用技术。2022年，我国对农广播节目制作时间143.07万小时，同比增长1.07%①。广播农业科普节目质量也在提高，涌现出一批优秀的农业科普节目。

湖南广播电视台广播传媒中心“潇湘之声”的《村村响大喇叭》获得2022年度中国新闻奖新闻专栏一等奖。该栏目通过广播平台及遍布湖南的40多万只大喇叭播出，基本实现湖南农村群众全覆盖，接地气、聚人气、冒热气的风格，深受群众信任和喜爱。《村村响大喇叭》传播内容包括农业资讯、专家科普、热点新闻等，还根据季节时令变化策划科普专题，制作科普短音频，传播农业技术、安全知识、致富路径，助力农业增产、农民增收。收听大喇叭成为村民学习科普知识、了解国家大政方针的有效途径，也成为基层工作者提升科学技能的“充电宝”。

① 国家广播电视总局. 2022年全国广播电视行业统计公报[EB/OL]. 2023[2023-04-27]. http://www.nrta.gov.cn/art/2023/4/27/art_113_64140.html.

广播与电视、网络融合，实现农业科普的全媒体化。安徽广播电视台以互联网思维优化媒体资源配置，整合农业·科教频道、农村广播频率，成立全国首个省级农业、农村全媒体运营中心，建立融合传播平台，构建包括微信公众号、抖音、快手、微博、今日头条等平台的新媒体矩阵。

5. 应急广播平战结合保障安全

广电总局、应急管理部于2021年6月印发的《应急广播管理暂行办法》中明确了“应急广播”的定义：“应急广播是指利用广播电视、网络视听等信息传送方式，向公众或特定区域、特定人群发布应急信息的传送播出系统”。应急广播是国家应急管理系统的重要组成部分。突发公共事件主要分为自然灾害、事故灾难、公共卫生事件、社会安全事件四类。当发生突发公共事件时，应急广播能够突破地形地貌、行政区域的局限，通过无线电波提供迅速、快捷的讯息传输通道。应急广播具备独特的优势，当灾害导致停水、停电、交通瘫痪、通讯中断时，其他媒体无法正常发挥作用，应急广播则担负起信息沟通、抗灾救灾、物资调动、防疫救援等职责，成为政府应急指挥调度平台。

2023年2月13日，全球迎来第12个世界无线电日（World Radio Day），此次世界无线电日的主题为：“无线电与和平”（Radio and Peace）。无线电在应急通信和灾难救助方面发挥着不可替代的作用，为引起人们对无线电独特价值的重视，联合国教育、科学及文化组织发起了这项活动，呼吁所有国家重视并促进无线电广播发展。在突发应急事件中，广播是唯一能够传播到千家万户乃至偏远地区的媒体，与灾区人民传递信息大多应用广播。广播在说和听之间建立起一种更加直接、亲密的关系，为人们提供可靠且高质量的科学信息。广电总局部署、总局发展研究中心组织研究编撰的《中国广播电视全媒体发展报告（2023）》显示，中国应急广播市县平台数量超过1800个，在防汛救灾、疫情防控、基层社会治理等方面发挥了重要作用。

应急广播与各地应急管理部门协同合作，按照平战结合原则传播应急信息。应急广播科普节目通常分为常规科普和突发应急科普。为进一步提高应急广播信息的科学性、精准性和安全性，更好地服务于应急管理和社会治理，各地相继出台应急广播管理办法。2022年8月，安徽省广播电视局印发

《安徽省应急广播信息播出管理暂行办法》，对应急广播信息的播出范围、播出流程、播出责任等进行规范管理。安徽交通广播作为全国第一家省级应急广播，充分发挥应急广播功能，在疫情、极端天气、洪涝灾害等应急科普报道中，整合高速路、省国道、市区重点路段的视频资源，发布音视频同步直播，回应听众关切。

6. 医药健康节目深受听众青睐

医药健康类节目在广播中数量较多，有助于满足一部分听众对寻医问药的需求。医药健康类节目与各级卫生健康部门协作，邀请医药健康专家进入直播间，与听众直接交流，实现音视频同步直播。

医药健康类节目或专业频率具有广播的独特优势，第一，聚合医药健康类传播资源。专业广播频率集媒体资源、政务资源、医药服务、商业广告资源等于一体，如山西广播电视台“健康之声”广播、江苏健康广播、吉林娱乐健康广播等是医疗卫生领域的专业广播频率。医药健康类节目拥有商业资源，也是广播创收的主要来源之一。第二，拥有权威的专家团队。医药健康类广播频率拥有庞大的医药专家、科普组织及专业的采编播团队，发布信息具有科学性、专业性、服务性、实用性。第三，语言交流效果好，听众参与度高。例如，《寻医问药》《就医宝典》《专家门诊》《中医百草园》等节目关注热点话题，开通直播热线答疑解惑，促进交流对话，普及医学知识，服务大众健康，增强听众对节目的忠诚度。

（二）中国广播科学传播特点

在媒体融合时代，广播迈向全媒体传播格局，传播即创新，传播即连接，传播即共享。广播科学传播也呈现新的特征，即平台传播、融媒传播、协同传播。

1. 走向平台化发展

中央办公厅、国务院办公厅印发的《关于加快推进媒体深度融合发展的意见》指出，要推动主力军全面挺进主战场，以互联网思维优化资源配置，把更多优质内容、先进技术、专业人才、项目资金向互联网主阵地汇集、向移动端倾斜，让分散在网下的力量尽快进军网上、深入网上，做大、做强网络平台，占领新兴传播阵地。主流媒体相继建立APP客户端，打造自主可控的音视频平台，使广播走向平台化发展之路。

平台化发展有利于广播集中优势媒体资源，构建全媒体传播矩阵，开拓新的传播空间。省级以上广播电视新闻APP客户端包括中央广电总台“云听”、上海“阿基米德”、北京“听听FM”、河南“大象新闻”、河北“冀时”、浙江“中国蓝新闻”、江苏“我苏”、贵州“动静新闻”、山东“闪电新闻”、广东“粤听”、湖北“九头鸟FM”、辽宁“北斗融媒”、黑龙江“极光新闻”、宁夏“黄河云视”、“安徽卫视ATV”等。

平台型广播的科学内容更加丰富，形态更加多样，传播范围更加广泛。广播科学节目除音频之外，还有广播剧、歌曲、短视频等网络爆款作品。移动平台为广播提供了音视频共作、全媒体传播的技术条件，也促使广播科学节目的形态发生改变，不仅有音频，还可以通过视频直播、短视频、Vlog（视频记录）等多种形式传播。

2. 趋于融媒化发展

节目视频化是广播破圈的重要抓手，节目视频化旨在构建一种全媒体传播的新生态。广播节目视频化并非简单的“电视化”，而是通过数字视频技术拓展内容资源，转型为新型的全媒体广播①。广播节目视频化转型是传播理念、生产流程、工作模式的融合创新之举，进而推动商业运营模式、机制体制创新和全媒体人才队伍建设，催生具有互联网基因的“新广播”。在全媒体传播体系中，广播科学节目独树一帜，突破以往音频局限，以更加灵活多样的节目形态、科学活动、科普讲座、科普研学等方式，开拓一片崭新的天地。

广播科学节目的融媒形态越来越丰富多彩，科普综艺节目、广播情景剧、短视频、在线科普课堂等不断增多，富有创意。广播电台在室外架设摄

① 张阿林. 移动传播：广播融合发展的新赛道[J]. 中国广播, 2022, 348(6): 75-78.

像机，布设慢直播场景，实现音视频同步直播，以及户外活动直播。例如，“浙江之声”与浙江省肿瘤医院联合制作医学科普轻综艺《医生的假期》，邀请医生和患者走出医院，走进大自然，在悠闲的假期中畅聊医学与健康话题，通过轻松愉悦的方式，向观众普及医学知识、健康理念，以及积极乐观的人生观、价值观。

广播科学创新活动精彩纷呈。2022 年 5 月 12 日是第 14 个“全国防灾减灾日”，北京交通广播举办一系列特别直播活动，以“云课堂”形式让听众零距离体验应急救灾技能，模拟地震灾害场景，普及地震知识、救灾技能、急救包扎、消防安全等内容，提高公众避险能力与科学意识①。该节目在广播端和新媒体端同步播出，获得很好的传播效果。

3. 跨界协同化发展

广播跨行业、跨领域协同合作，探索“广播+政务+商务+服务”的融合传播模式。例如，2022 年 11 月，安徽中医药大学与安徽广播电视台正式签署战略合作协议，共同打造全媒体中医健康互动节目《健康 908》。《健康 908》每周一至周五下午 3 点到 4 点播出，设置《中医说健康》《健康大求真》《名医在线》《健康公开课》等子栏目，邀请名医专家做客直播间，分享节气养生、食疗保健等中医保健知识，合作双方充分利用各自优势资源，搭建广播、电视、新媒体三位一体的宣传矩阵。

广播电台之间建立联盟，实现行业协同创新。从宏观看，中国广播电台的分布情况决定了科学节目传播的基本格局。在纵向上，广播电台呈现中央、省、市、县四级办台格局；在横向上，各行政区域的广播频率具有地域性。为提高传播效率，扩大广播频率影响力，全国广播电台之间建立联盟，打破以往广播的地域局限，形成全国性广播网络，线上、线下联动，共同开展新闻报道活动。例如，一些大型直播节目采用多台协同联播形式，四川广播电视台新闻广播联动陕西、甘肃、海南、吉林等广播电视台，在成都都江堰玉堂镇的“熊猫谷”设置直播点，多路记者深入各大国家公园腹地，讲述保护大熊猫、长臂猿、东北虎等“国宝”的故事，报道中国生物多样性保护

① 北京广播电视台. 北京交通广播助力 2022 北京市“全国防灾减灾日”云传播[EB/OL]. [2022-05-17]. 网易 https://www.163.com/dy/article/H7JBP71905529147.html.

工作取得的巨大成就。广播节目《青山妩媚·万物生长——〈生物多样性公约〉第十五次缔约方大会特别直播》获得2022年度第32届中国新闻奖。该节目突出广播特色，采录自然界的声音元素，让人们听见森林中的生命欢歌，以丰富的声音生动地诠释生态文明理念。

（三）中国广播科学传播存在的问题

当下，广播正处于由传统媒体向新型主流媒体转型时期，频率收听量和广告创收均呈下降趋势，而在网络平台中，广播科学传播正迎来新的增长期，节目形态、传播渠道、传播方式、受众群体等都面临新变化。

1. 科学内容资源供给不足

在内容供给方面，主流广播电台的专业化科学节目数量少，占比小。全国广播主要有新闻、交通、经济、音乐、生活等专业频率，单独开设“科学频率”的专业电台几乎没有。在一些地方台，科学节目没有受到足够的重视，甚至有的平台没有一档稳定的科学栏目，广播科学内容资源分布不均。广播科普节目通常以传播科学知识为主，而对科学精神、科学文化缺乏足够的关注。在节目定位方面，各级广播电台有所区别。例如，县级广播主要以农技科普节目为主；省市级广播以医药健康、应急安全、青少年科普等为主。不同地域的广播科学传播也各有侧重点，如沿海地区的广播传播防范台风、海啸等科学知识，西部山区的广播则以泥石流、山洪、地震避险内容为主，体现较强的地域性。受经费、人才等条件制约，许多地方台难以制作出紧跟科技前沿的高水平科普节目。

2. 融媒科学节目有待开发

一些电台把科学节目直接移植到移动网络平台，无法适应用户需求。移动网络平台的科学节目兼容音频、视频、图片、文字，满足用户移动化、碎片化接受习惯。传统节目原版移植到客户端，节目收听率较低，网络流量不高，需对节目样态重新设计。节目时长、编排方式、网页排版、搜索难易程度、互动界面设置等因素影响着节目触达。因此，广播科学节目需要针对客户端和用户需求进行设计或改编，以适应不同终端的媒介特性。随着广播网络化、数字化、智能化发展，广播科学节目要不断适应媒介变化，调整节目的传播形态、传播内容、传播渠道、传播平台、传播方式。

3. 高层复合传播人才匮乏

在人才结构方面，广播创作团队大多具有人文学科的专业背景，而理工类专业人才相对较少，缺乏职业科学传播工作者。在采编流程方面，自媒体广播科学节目的内容质量良莠不齐，平台需要审核把关。同时，这无疑会增加广播平台审核的难度和工作量，而平台运维人员不足，是广播面临的瓶颈。

（四）中国广播科学传播发展建议

1. 拓展广播科学内容资源

拓展广播科学内容资源，应打破传统广播频率局限，在科学节目中提升人文艺术内涵，倡导科学文化与科学精神。第一，提高科学节目创意，紧跟科技前沿动态，围绕热点新闻事件，开发新节目、新活动，在热点新闻中打开科学视角，在人文节目中注入科学精神。第二，开展广播科学对话，讲好科学家故事，提高广播节目的可听性、趣味性、知识性，弘扬科学精神，使科学传播有温度、有高度、有深度。第三，拓宽科学节目的参与渠道，科普工作不是单向的信息传播，应加强大众与科普工作者之间的互通交流，让科学意识与科学精神深入人心。

2. 加强融媒科学节目创新

广播科学节目应充分考虑移动优先，以互联网思维创新节目样态、节目内容、传播方式。第一，开发融媒内容产品。发挥音频优势，利用视频、图文、虚拟现实等新技术，促进科学节目形态融合，创作出有趣、有料、有价值的新节目。第二，提供场景化服务。广播可利用移动终端、传感器、大数据、社交媒体、定位系统等技术，考虑听众兴趣、偏好、年龄等需求，提供特定情境下的个性化科学信息服务。第三，提高大众参与满意度。一方面，通过社交媒体拓展线上科学信息服务，连接听众用户，激发大众参与科学传播的愿望和兴趣；另一方面，通过拓展线下服务场景，开展科学对话和科学信息服务，满足人们的情感与价值诉求。

3. 协同合作建设传播团队

科学传播具有跨学科、跨领域特性，需要高层次、复合型人才，既懂科学，也通人文；既了解科技动态，也熟悉宣传艺术。一方面，完善科学传播专业建制，加强高校复合型、创新型科学传播人才培养，充实提升广播科学传播队伍；另一方面，在广大科技工作者中加强新闻传播、语言传播、视听传播等方面的培训，打通科学技术与新闻传播领域的意识鸿沟，使科技工作者也能掌握科普传播的技能，提高数字媒介素养。

总之，新兴技术推动广播高质量创新性发展。广播发挥主流媒体优势，加强权威信息发布，推动科普宣传，倡导科学精神，在科学传播领域具有独特的贡献。广播始终坚持正确政治方向，牢牢把握正确舆论导向，唱响主旋律，传播正能量。广播人正抓住媒体融合与机构改革的契机，不断优化采编流程管理，为人们提供更多反映新时代科学技术水平、兼具创新性与影响力的优秀科学节目，以优秀的内容和喜闻乐见的形式，激发青少年崇尚科学、探索科学的兴趣，促进全民科学素质的提高，使科学精神、科学意识、科学文化深入人心。

（童　云）

六

中国电视科学传播

电视科学传播是中国科学传播的重要组成部分，是影响力最大的科学传播方式之一。广电总局发布的《2022 年全国广播电视行业统计公报》显示，截至 2022 年年底，全国电视节目制作时间 285.21 万小时，同比下降 6.78%；播出时间 2003.64 万小时，同比下降 0.51%。新闻资讯类电视节目制作时间 109.17 万小时，同比下降 0.18%；播出时间 290.50 万小时，同比增长 0.57%。相比其他媒体，电视科学传播仍然具有明显的优势和数量庞大的观众。“二十大时光”“中国正在说”“江河奔腾看中国”等系列主题报道，在全社会营造迎接学习党的二十大的浓厚氛围。

中国电视科学传播在 2022～2023 年总体上保持稳定的发展态势，继续在科学普及、提高公众科学素养方面发挥着重要作用，在传播党的方针政策和宣传正能量方面发挥了积极作用。新闻资讯类电视节目的制作和播出时间有所增长。尽管中国电视科学传播面临一些挑战和困难，但其在传播信息、宣传正能量、推动社会发展等方面仍然具有不可替代的重要作用。

（一）中国电视科学传播概况

1. 优化供给结构

2022～2023 年，中央广电总台各频道、栏目常态化播出的科普类电视节目有 21 档（表 6-1）；制作播出了 19 期科普特别节目（表 6-2）。《春风又绿江南岸》《三泉溪暖》等对农节目展现新时代农民生产生活和乡村振兴实践，其中加入了许多传播科学知识、科学思想、科学方法、科学精神的内容，使电视科学传播的形式和内容日益多样。

“中国视听大数据”（CVB）发布 2023 年收视年报统计，2023 年，中央广电总台和地方卫视频道共播出电视节目 46.7 万小时①。其中，新闻节目 6.5 万小时、电视剧 15.1 万小时、纪录片 5.7 万小时，同 2022 年一样，仍为播出量前三位的节目类型，且播出时长较 2021 年均有提升，但播出时长较 2022 年均呈现一定下降趋势，分别减少 0.3 万小时、0.3 万小时、0.7 万小时；文

① 中国视听大数据. 中国视听大数据发布 2023 年收视年报[EB/OL]. 2024[2024-01-05]. http://www.cavbd.cn/news/2024010502.html.

艺节目播出 5.2 万小时，较 2022 年上升 0.1 万小时；动画片播出 4.5 万小时，较 2022 年增加 0.5 万小时；公益广告播出 1.4 万小时，与 2022 年持平。

表6-1 中央广播电视总台2022～2023 年制作播出的常态化电视科普节目

序号	栏目名称	栏目简介	播出平台	播出时间	播出总量	单期时长/分钟
1	动物世界	通过专家的讲述、优美的画面、感人的故事打动观众，使观众认识到我们不能没有动物。	CCTV-1	周一、三、四、六、日	248 期	30
2	人与自然	介绍动植物和自然知识，以及探索人与自然之间的相互影响、相互作用。	CCTV-1	日播	711 期	30
3	正大综艺・动物来啦	每期节目邀请热爱动物的三组家庭，家庭成员之间需要相互协作，在欢乐气氛中通过轮流竞猜、趣味实验、互动游戏等方式进行比拼，优胜者得到终极大奖。	CCTV-1	周日	30 期	50
4	自然传奇	以引进、编译国外优秀节目为主，结合节目的主题化、系列化的选题及制作理念，聚焦动植物世界生命传奇故事、探寻揭示宇宙万象的神奇奥秘。	CCTV-10	不固定	609 期	50
5	探索发现	探寻自然界的神奇奥秘，挖掘历史事件背后鲜为人知的细节和人物命运，展示中华文明的博大恢宏。	CCTV-10	日播	708 期	40
6	地理・中国	以地质科考为线索，以普及地理学知识为宗旨，介绍地质学的新发现、新成果、新探索，展示地质地貌的新、奇、特、美。	CCTV-10	日播	722 期	30
7	时尚科技秀	以生动、有趣、新奇的画面语言和最前沿、最有科技感的动画和电视手段，展现科技的功能、科学原理和生活中的实际应用。	CCTV-10	日播	720 期	10
8	创新进行时	聚焦国家创新驱动发展、展示创新成果、弘扬创新精神，记录当代中国科技强国的奋斗历程。	CCTV-10	不固定	585 期	20

续表

序号	栏目名称	栏目简介	播出平台	播出时间	播出总量	单期时长/分钟
9	解码科技史	回顾人类科技发展历程，聚焦重大科技发明和科学事件，讲述科学故事，启迪科学智慧，弘扬科学精神。	CCTV-10	周六、日	132 期	60
10	科学动物园	聚焦动物大千世界，讲述动物进化的故事和生存本领，普及仿生学知识，增强科普的趣味性和可视性。	CCTV-10	周六	103 期	60
11	科幻地带	以国内外科幻作品为线索，介绍科学原理，启发想象力、创造力，激发公众爱科学的热情和兴趣。	CCTV-10	周日	105 期	40
12	实验现场	采用主持人和科学顾问共同设计并进行科学实验的形式，解读大众关心的热点话题，说明现象背后蕴含的科学原理，破除伪科学。	CCTV-10	周日	104 期	30
13	透视新科技	紧扣时代脉搏，关注全球科技前沿，聚焦重大科学工程，解读科学原理，普及科学知识，打造高端科普栏目。	CCTV-10	不固定	205 期	30
14	健康之路	以倡导健康生活为主旨的谈话类服务节目。权威的专家讲解、科学的现场演示，为大众传播健康知识。	CCTV-10	日播	713 期	40
15	异想天开	栏目理念是创新、趣味、互动、关怀。“用双手说话、用头脑赛跑”是节目的口号。鼓励青少年用科学的方法去实现梦想。	CCTV-14	周一	95 期	36
16	我爱发明	展示中国自主研发的重大科研成果和民间发明项目。	CCTV-17	周一至周五	456 期	25
17	谁知盘中餐	立足百姓关心的食品安全主题，打造农业版具有公信力、权威性的谣言粉碎机，做农产品安全领域权威的求真求证平台。	CCTV-17	周一至周日	574 期	25
18	职场健康课	针对职场人士量身定制的一档演播室互动访谈节目，以职场的亚健康状态和职业病为主要关注点，为广大观众带来切实有效的健康解决方案。	CCTV-2	周日	113 期	60

续表

序号	栏目名称	栏目简介	播出平台	播出时间	播出总量	单期时长/分钟
19	军事科技	以介绍军事科学技术和先进武器装备为主。	CCTV-7	周二	92 期	25
20	兵器面面观	介绍古今中外各种兵器、装备。	CCTV-7	周一至周五	515 期	22
21	国防科工	展示中国国防科工领域取得的重大成果，科工人以身许国的家国情怀，全球国防科工领域最新成果和动态。	CCTV-7	不固定	14 期	27

（数据更新至 2023 年 12 月 31 日）

表6-2　中央广播电视总台2023 年制作播出的科普特别节目

序号	栏目名称	播出平台	播出时间	时长/分钟
1	秘境 VR 之眼	CCTV-10	2 月 4 日	90
2	科普中国——2022 年度科普中国揭晓盛典	CCTV-1	3 月 26 日	90
3	福岛的记忆	CCTV-13	6 月 20 日	30
4	特别呈现	CCTV-1	不定	120

2. 跨界合作双赢

在科技飞速发展的背景下，科学传播的复杂性与专业性愈发凸显。电视平台开始与科研机构、科技工作者开展跨界合作，这种跨界合作模式逐渐打破了过去科技界和媒体界之间的壁垒，形成一种良性的互动关系。电视与科研机构的合作机制通常有两种模式：一是科研部门和电视台各自聚集资源，合作制作科普节目并播出；二是科技或科普主管部门提出意向并组织科技资源，由电视台负责具体策划制作和播出。这些合作机制的形成，不仅推动了科学知识的普及，还促进了科研机构与公众之间的交流与互动。例如，中国载人航天工程办公室、教育部、科技部和中央广电总台合作，成功制作了一系列特别节目，向公众展示航天科技的魅力。同时，越来越多的科学家和科技工作者积极参与各类广播电视节目的制作和播出。他们以演讲人、解读嘉宾等身份，向公众传播科学知识、解读科技现象。这种参与不仅丰富了电视节目内容，使科学传播更具权威性和可信度，也拉近了科学与公众的距离，有助于提高公众的科学素养和认知水平。例如，刘嘉麒院士、舒德干院士等纷纷在互联网平台开展科学传播活动，成为科学传播领域的专业声音。2023年1月10日，广电总局官网发布的《全国广播电视和网络视听“十四五”人才发展规划》提出，“大力培养引进一大批站在大数据、云计算、物联网、区块链、人工智能、元宇宙等科技发展最前沿，进行方向性、全局性、前瞻性思考，掌握未来电视技术走向的战略科学家”。

3. 精品创作纷呈

聚焦新时代伟大变革，用优秀纪录片描绘奋进新征程。全国制作纪录片8.31万小时，播出时间79.34万小时，同比增长7.11%，推出《黄河安澜》《国医有方》等纪录片，记录新时代幸福故事、展现中华文明悠久历史和人文底蕴。

文化综艺类节目创新、创优，传承弘扬中华优秀传统文化。综艺益智类电视节目制作时间27.99万小时，同比下降6.76%，播出时间104.24万小时，同比下降4.77%。《“中国节日”系列节目》《黄河文化大会》《博物馆之城》等节目火爆荧屏。

（二）中国电视科学传播特点

1. 科学内容深度融合各类节目

在当今社会，科学技术与日常生活的联系愈发紧密，科学内容已经成为各类电视节目的重要组成部分。从新闻报道到综艺娱乐，科学元素逐渐渗透，使电视节目更加丰富多样[①]。例如，在新闻节目中，科技领域的新闻报道占据相当大的比重，从重大科技项目到科学家事迹，都成为报道的重点。而在综艺节目中，科技知识的融入也让节目更具看点[②]，如科普知识的问答环节、科技实验的展示等。这种深度融合使科学传播的受众更加广泛，使公众能够更加深入地了解科学知识和科技成果，为观众提供了更丰富的视听体验。

---

① 翟杰全. 科技公共传播：知识普及、科学理解、公众参与[J]. 北京理工大学学报（社会科学版），2008, 10(6): 29-32+40.
② 王奕琳，孟凡刚. 浅析电视业对科学传播效果的影响[J]. 科技传播，2019, 11(1): 179-182.

2. 科学节目个性专业精细发展

随着电视科学传播的不断发展，科学节目的类型和内容也在不断丰富和细化。不同类型的科学节目满足不同观众的需求，从科技前沿报道到日常生活科普，从科学探索到环境保护等，涵盖了广泛的领域。同时，科学节目在内容、形式和制作上更加精细、专业和多样化，从策划到播出，各个环节都力求严谨和准确。这种精细化的发展趋势不仅提高了科学节目的质量，也进一步推动了科学的普及和发展。

3. 科技元素艺术形式融合创新

在电视科学传播中，科技与艺术的结合成为一种新的尝试和创新。这种结合使科学传播变得生动、形象和有趣，更容易吸引观众的注意力。例如，一些科技类纪录片通过精美的画面和音效，把科学原理和自然现象呈现得淋漓尽致；而在一些科普节目中，运用动画和特效等手段，使科学知识更加直观易懂。这种科技与艺术的结合，丰富了电视节目的表现形式，还为科学传播带来了更多的创意和可能性。

（三）中国电视科学传播存在的问题

1. 融合转型面临挑战

在移动互联背景下，媒介格局正在发生重要的变化，各类新兴媒介迅速崛起并获得快速发展，中国传统的电视科学传播受到了巨大的冲击。

（1）电视传播渠道受众流失严重。广电总局发布的《2022 年全国广播电视行业统计公报》显示，全国有线电视实际用户 2 亿，较上一年度下降 1.96%[①]。而聚焦于电视科学传播领域，依据第十二次中国公民科学素质抽样调查结果，2022 年中国公民通过广播电视获取科技信息的比例进一步缩小，互联网已代替广播电视成为信息时代中国公民获取科技信息的首要渠道。中国电视科学传播渠道受众群体进一步下降，受众规模较上一年度呈负增长

① 国家广播电视总局. 2022 年全国广播电视行业统计公报[EB/OL]. 2023[2023-04-27]https://www.nrta.gov.cn/art/2023/4/27/art_113_64140.html.

态势。

（2）电视科学传播转型面临挑战。虽然在2022年，中央广电总台、江苏省广播电视总台、黑龙江广播电视台等多家电视台都通过扩展现实（XR）演播室打造360度沉浸式科学传播虚拟世界等方式，探索电视科学传播转型新路径。但是，中国电视科学传播的转型推进仍面临重重挑战。

电视多元科学传播矩阵尚未构建，平台生态功能单一。新型融媒体平台的基本特征之一是通过建立广泛的入口，以吸引更多的流量。在智能媒体时代，流量不仅代表用户规模的扩大，更意味着实现商业变现的潜在机会。目前，电视科学传播的传播渠道相对有限，多元传播矩阵尚未构建，缺乏多样性的传播形式和媒介，且现有的电视科学传播平台生态功能单一，导致科学信息的传播方式相对单一[①]。这一状况限制了受众的参与度和体验感，在一定程度上阻碍了科学知识在电视渠道更广泛而深入地传播。

电视科学传播运营压力进一步增大。相较于随着有线电视订户数的不断缩减、收视率进一步下滑，以及事业单位财政拨款体系的改革，科学传播类频道面临着巨大的运营压力。而电视科学传播的融合纵深推进带来的额外运营支出，更是加深了运营压力[②]。在广电总局积极推进电视频道精简、精办政策背景下，部分科学传播类电视媒体由于难以维持日渐增长的频道运营成本，做出主动结束其节目运营的选择。

2. 话语表达方式单一

在内容层面，中国电视科学传播存在科学传播话语表达方式、内容与受众需求存在较大差异的现实问题。

（1）科学传播话语表达方式单调。中国电视科学传播在话语表达方面更为强调内容的专业性，倾向于通过单一的讲解形式，在话语体系上呈现出冷静、严肃、客观准确的播报方式，致使电视科学传播话语表达方式相对刻板。具体来说，一方面，电视科学传播通常采用讲解的方式呈现，以专家或

---

① 李天龙，张露露，张行勇. 新媒体时代科学传播的困境与策略研究[J]. 现代传播（中国传媒大学学报），2018，40(10)：80-84.

② 王娟，袁凤琴，秦庆，等. 中国科普类电视节目现状及融媒体发展前景[J]. 科技传播，2023，15(8)：29-33.

主持人为中心，缺乏多样的表达形式[①]。这种单一的表达方式可能使内容显得枯燥，难以吸引广泛受众的注意力。另一方面，电视科学传播表现在互动性的缺乏。电视科学传播以单向传播科学信息为主，观众的参与度相对较低。缺乏互动性的表达方式难以引起观众的积极参与，限制了科学知识的深度传播。

（2）内容生产与受众需求贴合性不高。中国电视在科学传播议题的内容生产与受众实际需求的差异性，一方面，表现为传统电视科学传播类节目在制作方面缺乏以受众为中心、针对受众感兴趣的内容进行采编制作的能力。由于对受众兴趣难以精准“捕捉”，这类科学传播节目较难激发观众的兴趣。另一方面，受众的知识需求不断多元化[②]，而电视科学传播内容相对滞后，未能及时反映社会科技进展和社会焦点，造成信息的滞后性，使电视科学传播难以满足受众对前沿科技和社会话题的关切。

3. 破圈能力有待提升

（1）节目制作人员专业性不强。中国电视科学传播专业人员的缺位，主要表现在大部分电视科学传播类节目团队成员中未能囊括具有深厚科学背景的科研人员或传播学与自然科学的学科交叉型人才、长期专门从事科学传播类节目制作的专职团队较少、能够充分利用现代科技手段的技术型人员数量有限等三个方面。而专业人员的缺位，致使科学传播电视节目敏锐把握观众对科学传播类节目的需求、提供权威的科学知识、把前沿科学知识解码为通俗的科学传播内容、通过多样化的传播工具把科学知识传播给受众的能力等方面都相对欠缺。

（2）节目主持人破圈能力不高。高流量、高热度的节目主持人，能够有效消解科学传播类广播电视节目的严肃感，拉近电视节目与年轻受众之间的距离，拓宽电视受众的圈层，从而成功实现“破圈”传播。节目主持人良好破圈能力为广播电视节目带来的积极影响已有目共睹[③]，而纵观中国电视科学传播领域，大部分科学类电视节目主持人与观众的情感连接较为薄弱、科

① 潘希鸣. 当代中国科普电视节目与科普短视频之叙事差异分析[J]. 江西师范大学学报（哲学社会科学版），2020，53(05): 96-10.

② 时宇石. 电视传播学[M]. 北京：北京师范大学出版社，2013: 66-68.

③ 程前，刘逍潇.《加油!向未来》：电视媒体科学传播的创新表达[J]. 中国电视，2016，(11): 38-41.

学知识储备与业务能力有待提高、个性魅力不显著、话题广度缺乏、对新潮科技不了解，具备破圈能力的节目主持人仍然较少。

（四）中国电视科学传播发展建议

1. 推动科学人文精神融合

坚持讲好中国故事、传播好中国声音，用心用情用功抒写伟大时代，是当代电视媒体人的使命担当。而在电视科学传播中，将科学精神与人文精神融合，加强人文精神的回归，注重在科学精神和人文精神之间实现协调，不仅能打破科学传播类节目过于注重科学知识的传播且过于强调科学权威性的困境，让公众与科学亲密接触、感受并深刻理解科学知识；还将有助于在科学传播领域，以电视为媒介，讲好中国科学故事、传播好中国科学声音[①]。

为实现电视科学传播中科学精神与人文精神的融合，首先，应在电视科学传播中，将科学精神、人文精神与爱国主义精神深度结合，在科学传播电视节目中不断展现中华文明的突出特性，用电视节目讲好中国的科学故事与中国的科学家故事。其次，电视科学传播类节目应强化人文精神的回归，以受众为本位[②]，肯定个体在科学探索中的主体地位，推动科学精神与人文精神从简单互通互动走向深度融合，满足电视科学传播受众认识自我、求知求新的科学诉求。

2. 强化媒体融合纵深推进

推动全媒体时代媒体深度融合，事关电视科学传播的高质量创新性发展。应深入贯彻落实党中央作出的推动媒体融合发展的重大决策部署，在全媒体时代，通过大力建设新型科学传播平台、完善全媒体传播格局、引入前沿技术等方式，打通中国电视科学传播生态链，以融媒体思路彰扬科学传播声量场。

要大力建设新型科学传播平台，完善全媒体科学传播格局。电视台等机

① 谢广岭，周荣庭，朱婧婷. 信息化背景下电视科普栏目创新途径研究[J]. 科普研究，2015, 10 (1): 56-65.

② 尹兆鹏. 科学传播的哲学研究[D]. 复旦大学，2004: 43-44.

构要发挥整体优势和视听特长，引入科研机构等多主体的科学传播资源，大力增强平台信息服务聚合与精准分发能力，以技术驱动打造新型传播平台，提升以广电为核心主体的科学传播平台的用户活跃度和平台价值。电视机构要推进各级广电媒体协同联动，健全资源聚合且协同高效的全媒体科学传播矩阵①，占据全媒体传播主流地位。中央级广电媒体要形成中国电视科学传播的引领效应和示范效应。省、市级广电媒体要因地制宜，结合当地科学传播的优势资源、推进科学传播品牌化运营、加快科学传播协同化发展步伐、发展具有地方特色的电视科学传播。

以 ChatGPT 等前沿技术赋能电视全媒体深度融合。以 ChatGPT 为代表的生成式人工智能，是新一轮科技革命与产业变革的重要力量。ChatGPT 等生成式人工智能通过生成关于科学话题的创意性内容和传播提案，帮助策划和设计吸引人的节目或活动；通过监测社交媒体和新闻平台，帮助电视机构分析公众对科学传播的反馈和舆情，提供参考意见；通过辅助编写脚本，为电视机构的工作人员提供关于科学主题的文案，以确保内容更具吸引力和科学准确性②。同时应当继续以拥抱前沿技术的姿态，通过生物传感技术、深度学习、生成对抗网络、全息技术等为受众提供更丰富、多元的科学传播视听体验。探索互动科学传播节目、可视化科学传播节目等新型科学传播产品，满足受众追求新鲜、不同的认知需求，促进科学知识更广泛、深入地传播，塑造电视科学传播的公共价值。

3. 提升受众参与互动体验

秉持受众思维，以强化受众在电视科学传播节目内容生产环节的参与，精准把握受众需求、建立与受众的深度互动的方式，推动节目互动形式向深度开掘。这将有助于进一步延伸科学传播节目的传播范围和互动层次，提高电视受众的参与感与体验感。

要精准把握受众需求，开展差异化的科学传播电视内容制作。要进行系统性的市场研究和观众调查，以精准把握受众的兴趣领域、知识水平、视听

① 金兼斌，江苏佳，陈安繁，等. 新媒体平台上的科学传播效果：基于微信公众号的研究[J]. 中国地质大学学报（社会科学版），2017, 17(2): 107-119.

② 李翔. 用科学实验破解盛行流言——电视科教类节目的科学传播新路径分析[J]. 新闻界，2012(4): 30-33.

习惯及需求特征。要针对各异的受众群体，制定个性化的科学传播内容策略[①]。综合考虑观众的年龄层、教育水平及兴趣爱好，以富有趣味性的方式传播科学知识，使内容更贴切地迎合其实际需求。

要强化受众在科学传播节目内容生产环节的参与，建立与受众的深度互动。要让更多受众通过参与科学实验方案的设计、公开征集节目主题等方式，参与节目内容生产环节，使受众从观看节目的客体转变为科学传播节目的设计主体和节目的创作主体。

4. 打造专业科学传播团队

电视作为科学传播的主体，需要打造多层次、专业化的科学传播团队，以适应不断变化的科学领域。电视科学传播需要充分发挥自身作为主流媒体的优势，吸引专业学术机构和科技人员、理工类和传播学相结合的复合型人才加入科学传播团队[②]。应积极鼓励并帮助科学研究人员和职业科学传播者共同参与电视科学传播事业的发展，广泛吸纳兼具科学基础和电视经验的复合型人才，鼓励在科学传播创作方面有专长的科研人员加入科学传播队伍中，建立体系化且专业化的科学传播团队，进而通过电视节目把“高高在上”的学术成果转化为普通公众愿意观看、能够理解的科学传播作品，以打破科学类电视节目高质量发展的瓶颈、打造在科学传播领域具有强大影响力和竞争力的新型主流媒体[③]，同时，在电视节目中构建以科学家为核心的科学传播话语体系，邀请更多科学家以群像形式走进演播室，注重故事化解读宏大科学主题和科学价值观传播中的思维互动，引导电视受众倾听专业化观点，突出科学家个性化的逻辑叙事与语言组织。以电视科学传播践行助力全民族科学文化素质提升的使命与担当。

（何　勇、曹瑞玥、张晶晶）

---

① 赵匆. 科学传播视域下的中国电视科普节目[D]. 福建师范大学, 2013.

② 曹晔华. 新媒体环境下科技传播人才的素质模型建构与高校创新培养研究[D]. 中国科学技术大学, 2015.

③ 牛桂芹, 李焱. 国外高校科学传播人才培养的典型经验及对我国的启示[J]. 科普研究, 2021, 16(6): 32-41+96+113.

七

中国互联网科学传播

互联网已成为人们获取信息的重要途径之一，在推动科学传播和促进公民科学素养提升方面扮演了不可或缺的角色。在科学传播领域，随着互联网的影响力和渗透力不断增强，网络世界已经成为大众现实生活的另一空间，由此也重新建构了互联网科学传播的新格局。

（一）中国互联网科学传播概况

1. 网络科普规模持续攀升

乘着“互联网+”模式快速发展的东风，中国科普事业呈现出欣欣向荣的发展态势，网络科普规模持续攀升。根据中国互联网络信息中心 2023 年发布的第 52 次《中国互联网络发展状况统计报告》，截至 2023 年，中国网民规模已达 10.79 亿人，中国互联网普及率已达 76.40%（图 7-1），网民人均每周上网时长为 29.1 小时[①]。

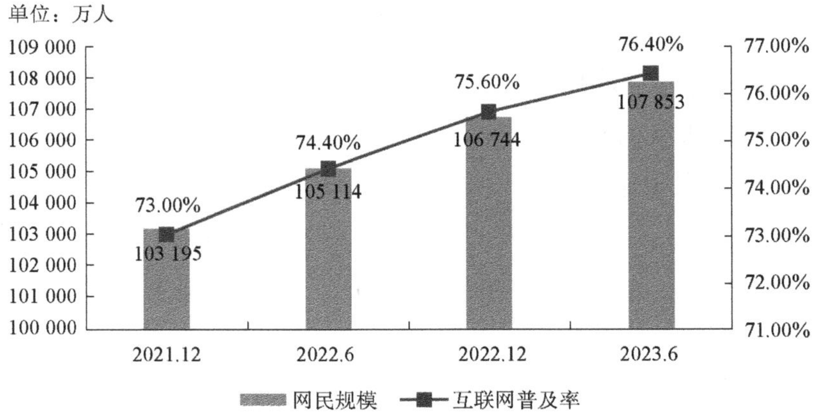

图 7-1 2021 年 12 月至 2023 年 6 月网民规模和互联网普及率

数字化的应用场景不断渗透到生活的方方面面，技术赋权使任何人都可以借由网络进入互联网公共空间。据科技部公布的 2022 年度全国科普统计数据，全国共有 1788 个科普网站，以多媒体手段，特别是新媒体技术为支撑的科普传播正在变得更加广泛[②]。中国科协与国家统计局发布的第十二次中国

---

① 中国互联网络信息中心. 第 52 次中国互联网络发展状况统计报告[EB/OL]. [2023-08-28]. https://www.cnnic.net.cn/n4/2023/0828/c88-10829.html.

② 科技部. 科技部、中央宣传部、中国科协关于印发《“十四五”国家科学技术普及发展规划》的通知[EB/OL]. [2022-08-04]. https://www.most.gov.cn/xxgk/xinxifenlei/fdzdgknr/fgzc/gfxwj/gfxwj2022/202208/t20220816_181896.html.

公民科学素质抽样调查结果显示，2022 年互联网已经成为公民获取科技信息的首选渠道①。

2. 视频直播成为重要媒介

根据中国互联网络信息中心 2023 年发布的第 52 次《中国互联网络发展状况统计报告》，截至 2023 年，中国网络视频用户的规模已达 10.44 亿人，网络视频行业的用户渗透率已达 96.8%。中国网络直播用户规模已达 7.65 亿人，占网民的 71.0%②。

在快节奏的生活方式下，人们越来越倾向于用视频、直播的形式获取信息，越来越多的信息借由视频或直播的形式来进行传播。视频化呈现形式让枯燥专业甚至冷门的知识，都在精准的分众化传播过程中获得了广泛的受众。

2023 年，百度百科创新性地用 AI 视频的形式发布 2023 年度报告。在视频中，不同领域的头部达人就 2023 年热点事件表达自己的看法，视频相较于图文的形式，为用户呈现出了更生动、直观的内容展示。

除此之外，随着互联网业态的繁荣，线上、线下相结合的应用场景正在加速形成，越来越多的线下活动借助网络同步进行互联网传播。2023 年 10 月 21 日，第十一届中国（芜湖）科普产品博览交易会，除了线下展示科普作品，还着力打造线上云展览，用户通过线上 2D、3D 展厅，即可进入 360 度全景线上虚拟展馆。线上、线下用户都可以在“中国芜湖科博会”注册登录，参与线上云直播和云展览，直播的形式和线上展览的方式打破了传统科普活动时间和空间的限制，使科学传播可以影响更多受众。

3. 用户获取信息场景变革

在互联网背景下，科技与经济、文化、艺术协同，信息传播呈现出新的可能，用户获取信息的渠道也发生新的变化。

---

① 高宏斌，任磊，李秀菊，等. 中国公民科学素质的现状与发展对策——基于第十二次中国公民科学素质抽样调查的实证研究[J]. 科普研究, 2023, 18(3): 5-14+22+109.

② 中国互联网络信息中心. 第 52 次中国互联网络发展状况统计报告[EB/OL]. [2023-08-28]. https://www.cnnic.net.cn/n4/2023/0828/c88-10829.html.

第十二次中国公民科学素质抽样调查报告发现，“主要互联网的平台渠道已经占据了公民获取科技信息的空间”。“互联网用户获取科技信息的渠道”数据显示，微信、QQ 等即时通讯平台和抖音、快手等短视频平台已经成为中国公民获取科技信息的主要网络渠道；其次是百度、必应等搜索引擎[①]（图 7-2）。

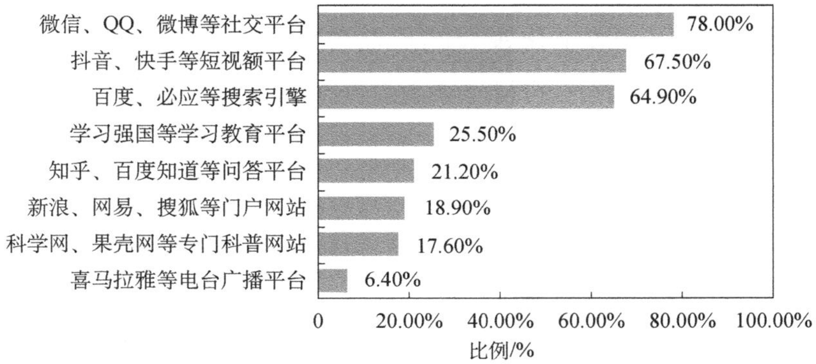

图 7-2　通过互联网获取科技信息网络渠道使用情况

据 Statcounter 数据，截至 2023 年 12 月，中国搜索引擎市场排名前三位分别是百度、必应、360 搜索，份额分别占搜索引擎市场的 66.52%、13.32%、6.43%[②]。近两年里，各大互联网公司都在积极布局生成式人工智能市场。阿里巴巴开发通义千问，百度开发文心一言，腾讯开发混元大模型，这些势必将变革今后的互联网科学传播市场。

除此之外，学习强国等学习教育平台也成为公民在互联网上获取科技信息的重要渠道，渠道使用比例远高于问答平台、门户网站、专门科普网站和广播电台等平台。

“学习强国”是由中央宣传部主管，以习近平新时代中国特色社会主义思想和党的二十大精神为主要内容，面向全社会的优质学习平台。现已成为公众在互联网上获取信息的重要平台。截至 2023 年，“学习强国”电脑（PC）端有“思想”“二十大时间”“习近平文汇”等 12 个版块 88 个一级栏目。学习强国移动客户端则有“强国通”“百灵”“学习”“电视台”“电台”五大板

① 高宏斌，任磊，李秀菊，等. 中国公民科学素质的现状与发展对策——基于第十二次中国公民科学素质抽样调查的实证研究[J]. 科普研究，2023, 18(3): 5-14+22+109.

② 钛媒体. 周鸿祎与百度再上演“AI 搜索大战”，360 上线 AI 搜索 App|钛媒体独家[EB/OL]. [2024-01-29]. https://mp.weixin.qq.com/s/Fa0CNcZyG80xqi-3gM_WeA.

块共 87 个频道，频道内聚合了历史、科学、电影、图书等多方面信息。

（二）中国互联网科学传播特点

1. 前沿科技内容受关注

2023 年以来，随着数字化媒介的日益普及和互联网应用的持续发展，用户已经不再满足于日常领域的科普信息，开始对前沿科学研究成果和最新科技资讯产生好奇心。网络实时信息分发让前沿资讯更快地进入大众生活成为可能。

每年年末，“百度沸点”基于网民搜索大数据发布年度盘点榜单，榜单展现了中国网民每年最为关注的议题，内容涵盖大众日常生活的方方面面。2022 年的十大科技热词是“元宇宙”“Web3.0”“数字藏品”“量子纠缠”“数字人”“AIGC”“数字经济”“光刻机”“计算生物学”“碳中和”。2023 年的十大科技热词为“AI 大模型”“数字经济”“中国空间站”“量子计算机”“生成式人工智能”“数字孪生”“提示词工程师”“悬挂式单轨列车”“室温超导”“脑机接口”。

从这两年的年度科技热词来看，互联网用户群体对物理领域、能源领域、互联网领域的前沿科技信息非常关注，尤其是互联网技术领域的前沿知识占据了绝大多数用户的关注。与 2022 年相比，2023 年网民用户仍旧关注物理、能源、互联网领域的前沿信息，年度关键词“中国空间站”的出现也意味着 2023 年网民新增了对太空领域的关注，这也与 2023 年“神舟十七号圆满发射”这一年度事件密不可分。

追踪互联网企业的投资风向可以进一步验证这一结论。中国互联网协会发布的《中国互联网企业综合实力指数（2023）》数据表明①，排名前三位的互联网公司腾讯、阿里巴巴（蚂蚁、淘宝）、百度在 2023 年的投资领域主要集中在企业服务、医疗健康、先进制造等硬核技术领域，而非往年的娱乐消费行业。

毫无疑问，互联网技术、物理等领域在 2022～2023 年取得了重要的突破

---

① 网经社．中国互联网协会：《2023 年中国互联网企业综合实力指数》（全文）．[EB/OL]．[2023-10-31]．http://www.100ec.cn/detail--6633310.html.

和进展，有关大模型、AI、量子计算等的新闻也在互联网中频频被提及，引发了人们的好奇心和兴趣。科技领域的每一项技术应用都与人们未来的生活质量息息相关，因此近年来前沿科技信息所受到的关注度正在日益提高。

2. 网络参与主体多元化

在互联网科学传播中，传播不仅仅是单方面向公众输出知识的过程，更是双方在互联网平台下沟通互动的一次次“双向奔赴”①。互联网“去中心化”的特质使传播主体不再局限于科技工作者、权威媒体、政府等传统传播主体，更多的科学爱好者、科普作家、自媒体也都加入到知识内容的生产中，甚至公众也可以成为科学传播的主体。

“百度百科”就是互联网时代人人参与科学内容生产的典型案例。截至2023年，“百度百科”已经收录不同领域的770万创作者参与的词条编辑和创作中，内容涵盖历史、科学、艺术等方面。

多元化的参与主体可以让不同主体发挥出各自的优势，推动科学传播从专业生产走向协同创作。多主体参与可以扩大科学传播的范围，进一步提高传播的效率和效果。

3. 网络传播渠道全景化

互联网平台上的传播不仅包含基于PC、移动网页的传播范畴，还包含内容平台（社交媒体范畴）、APP、小程序、OTT（互联网电视）、H5等垂直领域渠道。2023年，小程序和微短剧的兴起，成为互联网上全新的增长点。

以健康领域品牌“丁香医生”为例，“丁香医生”不仅拥有微信、知乎、抖音、微博、百家号等社交媒体平台账号，还同时通过门户网站、APP、小程序等渠道推送科普信息，为用户提供问诊等付费服务和“专家说”“每日真相”等免费服务。

中国气象局公共气象服务中心主办的中国天气网自2008年上线运行，截

---

① 李正风，张徐姗. 走向“数字社会”进程中的科学普及[J]. 科普研究, 2023, 18(4): 8-17+106.

至2023年，除了依托PC端“中国天气”和移动端“中国天气”外，中国气象局还设立并维护微信小程序“中国天气网”和百度小程序“中国天气”。在内容流量端，其积极布局快手、抖音、微博、视频号、B站等。在跨平台合作层面，中国气象局于2022～2023年连续两年联合多部门与腾讯可持续社会价值事业部（SSV）碳中和实验室合作发起“守护行动·碳中和科普活动”，旨在借助互联网平台向公众普及碳达峰、碳中和等科学知识。中国气象局开展的科普项目包括出版科普书籍、制作科普动画短视频、开展3D科普线上展览、录制《碳中和名家大讲堂》等。“守护行动”科普项目自2022年上线以来，受到众多网民的喜爱，总浏览量破亿①。

（三）中国互联网科学传播存在的问题

迈入新媒体传播时代，科学传播在互联网的赋能下，充满蓬勃发展的动能和生机，获得许多跨越式传播成果。与此同时，互联网时代的科学传播也面临一定的困境②。

1. 平台化下传播主体被动

在互联网技术的快速发展和平台化的当下，互联网平台在资本布局下呈现出垄断趋势，传播主体的地位相对被动化。作为国内的知名中文学术资源聚合平台，知网在资源整合和传播方面，发挥了巨大的作用。然而近两年里，平台因“侵权”和“定价过高”屡次被推上互联网的风口浪尖，由此可见平台垄断给科技人员及传播主体带来的不利局面。

在信息呈现方面，互联网平台的搜索算法推荐机制是一个算法黑箱，信息是选择性展现出来的，吸引人眼球的内容往往能获得更多的推荐流量。这也使传播主体难以传播其研究成果和观点。此外，不同的平台有不同的推送机制，传播主体必须深谙不同平台的规则，才有可能获得更多的推荐流量，

① 中国天气网. 全国低碳日 | 首届“守护行动”碳中和科普活动完美收官《碳中和全民科普指南》图书发布[EB/OL]. [2023-07-12]. https://mp.weixin.qq.com/s/AK1djcijNianxNklty-q_g.

② 李天龙, 张露露, 张行勇. 新媒体时代科学传播的困境与策略研究[J]. 现代传播（中国传媒大学学报), 2018, 40(10): 80-84.

这大大限制了传播主体的积极性。

2. 流量驱动内容批量生产

互联网科学传播中的内容同质化现象指的是在网络上存在大量相似的信息，缺乏创新性和独特性①。盲目地在热门话题下制作类似的内容，哪种形式、哪种内容受到更多的欢迎，其他作品也不约而同地跟踪模仿，批量化地生产出相似的内容。更有甚者，直接对别人的作品进行“搬运”和“洗稿”。在“量子力学”火爆网络时，互联网上涌现出大量关于“量子力学”的文章和视频，其中大量内容都是直接照搬论文和书本中既有的定义、数据和公式。

除此之外，互联网上科学传播主体不仅只有科学媒体和专业的机构，还包含数量庞大的第三方机构，多元化的传播主体促进了科学知识的普及，但同时也存在大量信息质量参差不齐的问题，部分传播者缺乏专业知识和科学素养，容易生产同质化内容。平台流量驱动下，同一传播主体在多个互联网渠道分发同一信息也进一步加剧了这一现象。在平台商业运作模式下，这种现象变得更为凸显，生成式人工智能的发展还将进一步助推这种趋势。

3. 互联网分众化科学传播

首先，在互联网传播空间中，“信息发布”不等于“信息被接收”。因为在网络领域中依旧遵循着“赢家通吃”的模式，充分体现出“分形”特点②。网络信息无法被所有受众平等地接收到。受教育程度低的受众在信息获取时处于天然劣势地位，他们不易获得和消化同样的信息。互联网时代还存在着部分“互联网弱势群体”，他们不善于通过互联网发声，其诉求也难以引起关注与共鸣。

其次，互联网上的科学受众群体具有广泛性。互联网把不同年龄、地域、收入、受教育程度、生活阅历的用户聚集到一起，形成广泛而复杂的受众群体③。在科学传播过程中，如何划分出有效的细分群体，针对不同群体

---

① 胡泳，李雪娇. 反思“流量至上”：互联网内容产业的变化、悖论与风险[J]. 中国编辑, 2021(11): 29-34.

② (美) 马修·辛德曼 (Matthew Hindman). 数字民主的迷思[M]. 唐杰，译. 北京：中国政法大学出版社, 2016.

③ 金梦玉，李劭强. 互联网群体传播时代受众研究的新进路[J]. 中国编辑, 2020(1): 15-20.

开展针对性的科学传播，成为互联网科学传播中的又一大难题。

（四）中国互联网科学传播发展建议

1. 多方发力，增强原创保护力度

解决互联网科学传播中大量内容同质化的现象是一个复杂的问题，需要从多方统筹、综合发力。

首先应该加强对互联网原创作品的保护力度。一方面，制定更加完善和严格的法律法规，明确对于互联网原创作品的保护规定，并加大对侵权行为的打击力度。另一方面，采用数字水印等技术手段来保护互联网上的原创作品，防止作品被盗用和篡改。

其次，政府、媒体和科研机构应合作，加强对科学传播平台的监管与评估，确保平台提供的内容具有科学性和可信度。建立科学传播平台的评估机制，对平台进行定期评估和监测，剔除低质量的同质化内容，鼓励和奖励高质量的内容，强化科普内容的专业性。

再次，从信息传播和接受主体来讲，一方面，要加强对科学传播者的培训与规范，鼓励科学传播者积极寻求新的科普点，对科学内容进行创新和深入挖掘，向科学的广度和深度挖掘，为读者提供有价值的科学信息。另一方面，要加强科学教育，提高公众判别科学信息的能力。注重培养用户的科学素养和批判性思维，使他们能够辨别科学和非科学信息，从而更好地应对同质化低劣内容。

2. 人文关怀，开展科普提升行动

首先，针对“互联网弱势群体”，必须开展针对性的科普提升行动。注重科学知识传播的包容性，使各类受众都能够平等地获得和理解科学知识①。针对不同的受众群体，可以通过定制化内容、采用多样化的表达形式，包括文字、图片、动画、视频、图表等，使科学知识更易被理解和接受。

---

① 肖远航. 论场景平等视域下数字弱者的法律保护[C]//上海市法学会.《上海法学研究》集刊 2023 年第 11 卷——数学法学研究会（筹）文集, 2023: 14.

其次，除了关注特定群体，还应该考虑到群体之间的内部差异性。科学受众是多层而复杂的集合体，必须要具体情况具体分析。只有深入了解受众的需求、兴趣和文化背景，才能更准确地传达科学知识，发挥互联网科学传播的更大效益。

3. 借船出海，打造专业领域壁垒

在资本推动平台呈现出垄断局面的当下，面对传播被动的局面，科学知识传播者还可以选择借船出海，打造专业领域壁垒。在不同的传播渠道上积极布局，与平台建立良好的合作关系，掌握其推荐机制和平台规则，并根据其特点和需求优化自己的内容，以提高曝光度和推荐效果。科学传播主体还可以通过持续输出内容，积累在特定专业领域的声誉，树立自己在科学知识传播领域的专业形象，打造科学传播的专业壁垒。除了视频的形式，还可以尝试播客、直播等新形式，拓宽发声渠道。通过优质的视觉呈现和交互式的多媒体展示，提高科学知识传播的吸引力和效果①。

另外，尽管算法推荐导致传播主体的被动性，还是可以基于自身的资源，试图冲破已有平台的束缚。例如，中国科学院文献情报中心于 2023 年 11 月 1 日发布“PubScholar 公益学术平台”（链接：https://pubscholar.cn/）就是一次很好的尝试。基于中国科学院的科技成果资源，“PubScholar 公益学术平台”提供可检索的科技文献资源量可达 1.7 亿篇左右②。

总体而言，在“互联网+”模式下的科学传播领域持续发展，主要体现在网站平台建设与网站内容发布方面，当然其互联网科学传播也呈现出新的特点，应予以高度关注。例如，PC 端更可能会被智能手机、平板电脑等移动终端、OTT（互联网电视）等代替；短视频科普在抖音、B 站等多媒体社交平台有更快更广的普及率；2023 年年底，新一轮以 ChatGPT 为代表的 AIGC 智能媒体技术对互联网科学传播产生深远影响，业界人士和学者在此方面已有更多关注、更多研究和更多实践。

（朱松松、褚建勋）

---

① 许宁，刘若溪. 基于新媒体科学传播亲和力的话语建构研究[J]. 今传媒, 2022, 30(5): 16-19.

② 人民网. 基于中国科学院的科技成果资源，“PubScholar 公益学术平台”提供可检索的科技文献资源量可达 1.7 亿篇左右[EB/OL]. [2023-11-02]. https://mp.weixin.qq.com/s/BrA90BPjE30Iml9POTlYpQ.

八

中国社交媒介科学传播

媒介是传播信息的工具，社交媒介作为一种“虚拟场域”，具有使用便捷、互动及时、传播迅速等优势，可以突破传统媒介在时空上的限制，成为当今不可或缺的信息交流平台，也为科学传播提供了重要渠道，并为科学传播在内容、方式、效果等诸多方面带来巨大变革。社交媒介的发展方兴未艾，为科学传播在形式、内容、渠道等方面的革新创造了可能。

（一）中国社交媒介科学传播概况

随着社交媒介发展的方兴未艾，以社交媒介为媒介载体的科学传播新模式、新内容逐渐走进大众视野，呈现出欣欣向荣的发展态势。

1. 市场广阔深受用户群喜爱

近年来社交媒介发展迅猛，改变了人们的生活、工作方式及信息处理习惯，积累了数目可观的忠实用户。在网络普及化的当下，移动端已经成为公众获取信息的重要渠道，而其中最具代表性的便是以微博、微信、抖音、快手等为代表的社交媒介。

随着大数据存储、云计算、算法推荐等智能技术的进步，社交媒介让公众对于自然世界和人类社会的好奇心可以得到迅速满足，科学类内容是社交媒介传播的重要组成部分，社交媒介的传播属性和巨大潜能吸引了大量的科学机构和科学从业者入驻，技术赋能下，科学知识正在以一种门槛极低的方式实现普惠化传播。以短视频为例，抖音平均每天有28场高校直播课，观看者超10亿人次，内容涵盖量子物理、人工智能、经济贸易等多个领域，93.2%的双一流大学已入驻抖音，一级学科覆盖率达100%[①]，一时间，网络直播间成为广大网民的“网络夜校”，而这些观众也被戏称为“某校走读生”。知识体系繁杂的科学不再局限在大学和研究所里，逐渐走入寻常百姓家。

---

① 北京日报客户端. 抖音知识公开课直播 一年内接待10亿“旁听生”[EB/OL]. [2023-09-04]. https://bjrbdzb.bjd.com.cn/bjrb/mobile/2023/20230904/20230904_006/content_20230904_006_2.htm.

2. 机构与个人主体并行发展

在社交媒介科学传播的过程中，受众与内容生产者之间的界限不再分明，传播活动的发起者既有组织账号，也有个人账号，既有专业人员，也有非专业的科学爱好者，数量庞大，内容涵盖各行各业中的科学知识，部分“头部”科普账号粉丝数量已经达到千万级。

组织机构方面，社交媒介上参与科学传播的有大学、研究所、科技馆等。作为科学传播组织的代表，科技馆具有场地、人员、政策、资金等多方面进行科学传播工作的优势，随着社交媒介的盛行，科技馆也不仅局限于传统的实地参观的模式，而是主动探索通过科学实验视频、云逛馆等形式向受众普及科学技术知识，打造“能看见”的科普。抖音联合中国科学技术馆发布的《2023 年抖音科技馆数据报告》显示，截至 2023 年 12 月，全国有超过 100 家科技馆与抖音达成合作，省级科技馆超九成已入驻抖音，北京科学中心、厦门科技馆、广东科学中心等科技馆账号运营良好，深受用户喜爱①。

个人账号方面，社交媒介为诸多热爱科学传播的拥有专业知识的科学从业者和爱好者提供了平台，来自多个领域的研究者开设个人账号，逐渐形成独特风格，吸引大量粉丝。值得关注的是，社交媒介上涌现了一批“银发知播”，他们大多由退休的老教授、中小学老教师组成，利用社交媒介平台发布视频、直播、问答，为传播知识继续发光发热，为浮躁的网络空间注入知识的“净化剂”。这一群体在知识传播中的贡献也为其获得“感动中国”2022 年度的集体奖，13 名平均年龄 77 岁的短视频博主代表的是数以万计的科学传播者，也是科学传播在社交媒介时代价值的肯定。

由此可见，机构账号、个人账号、专业科普工作者和业余科普爱好者等多主体在社交媒介上共同参与，呈现百花齐放之势。

3. 多模态信息提升内容质量

社交媒介信息具有多样性的特征，包括文本、音频、图像、视频、动画等多种形式。技术的成熟让科普内容生产者可以制作多模态内容，灵活使用

① 抖音. 2023 年抖音科技馆数据报告[EB/OL]. [2023-12-22]. https://mp.weixin.qq.com/s/nUNdohKza1BvGJ94Iq26Ng.

多媒体形式，利用互动性的数字平台和游戏化的传播方式吸引公众兴趣，增强互动，提升科学传播效果。

音频方面，2023年，微信公众号上线了“听文章”的功能，受众不仅可以浏览文章，还可以通过听觉获取信息，方便用户在做其他事情时也可以同步接收轻松愉快的科普信息。由于生活和工作场景的变化，过去一年，以“小宇宙APP”“喜马拉雅APP”等为代表的播客服务的人气在逐渐攀升，从小众走向大众视野，成为年轻群体青睐的对象，播客往往由热门主播扮演关键意见领袖的角色，通过闲聊的方式传播观点。此类博客平台中的高质量科普内容在“润物细无声”中成为年轻听众的知识补给。

视频方面，短视频科学传播获得长足发展，真人出镜或出声的视频作品获得了广泛的欢迎。由于对专业技能要求较高，科普动画的创作与其他形式的科普作品相比更为困难，但其生动活泼、寓教于乐的传播方式深受各个年龄段受众的喜爱，在科学传播实践中发挥着独有的作用①。随着虚拟现实、人工智能等新技术的发展进步，科普实践领域开始提升对虚拟数字人的重视程度，虚拟科学家与虚拟科学媒体人的形象纷纷出现在短视频等社交媒介科学传播视听作品中，不仅能够减轻真人科普的压力、改善公众对科学从业者的刻板印象，还能够提升作品内容的趣味性、新颖性，从而提升公众理解科学、参与科学的意愿，为科普事业注入新的活力②。

4. 利用碎片化时间即时传播

社交媒介使用的碎片化特点有利有弊。一方面，信息的碎片化不利于受众进行深入系统化学习；另一方面，受众可以充分利用碎片时间拓宽知识面，从而达到提升公众科学素养与科学精神的目的。在短视频时代，科学知识通过更加凝练、方便的形式渗透到大众的日常生活中，在最短的时间内为受众呈现最精华的内容。

如表8-1所示，抖音账号“中科院物理所”（中国科学院物理研究所）发布的热度前五名的视频作品时长均在1分钟左右。与传统的科学传播形式比较，通过社交媒介平台进行的科学传播活动无疑更加碎片化，但同时使知识

---

① 何睿. 医学科普动画之身体呈现与媒介建构[J]. 中国出版, 2023, (3): 39-43.

② 蔡雨坤, 陈禹尧. 取“人”之长：虚拟数字人在科普中的应用研究[J]. 科普研究, 2023, 18(4): 26-34+107.

的传播更具即时性。与系统性的学习相比，短、平、快的信息令用户付出的时间成本更低、更加易于接受，有助于大量非专业的网民充分利用日常时间了解科学。

表 8-1　抖音账号“中科院物理所”视频作品热度 TOP5

视频名称	视频时长/秒	点赞量/万
物理没学好，谈个恋爱都费劲！	38	253.8
据说第二次发能火，放出完整版视频。我们已经备好奖品，挑战仍在继续，快掏出你的手机来挑战吧～	59	67.5
第 14 集|为什么久置的面包会变干，而饼干会变软？8 秒钟学习一个物理知识	51	52.4
寄蜉蝣于天地，渺沧海之一粟，但科学的光亮却让我们孤独的旅程更有意义。2023 年诺贝尔物理学奖即将公布	34	36.1
你知道什么是量子力学吗？	75	30.4

5. 多方位布局构建媒介矩阵

中国社交媒介产业发展已经颇为成熟，市场竞争下形成了各自独特的媒体特点和定位，集聚了不同特点的用户群体。例如，小红书作为从社区起家的电商平台，主打图文推送，为用户提供了从消费经验到日常等方方面面的分享渠道；抖音以短视频为特色，品牌标语为“记录美好生活”，满足用户获取信息、休闲娱乐、生活分享等多种需求。在不同的媒体特点和定位的背景下，众多科学传播机构或个人选择跨平台运营账号或在某一平台运营多个账号，以此构建媒介矩阵、提升传播效果。

以中国科学院为例，作为入驻抖音的中国科学传播专业机构，通过“中科院之声”“中科院物理所”“中国科普博览”和“中国科学院武汉植物园”官方账号等构建抖音矩阵，实现了各有侧重的科学传播。以中国科协塑造的品牌“科普中国”为例，其覆盖微信公众号、抖音、B 站等多个社交媒介平台，实现了平台之间的互联互通，从而不断提升科学传播影响力。

社交媒介平台使用的便捷性为科学传播主体的媒介矩阵构建提供了条件。多账号、多平台的媒介布局可以使科学传播的内容有所侧重，充分利用不同平台的特点和优势，收获更加广泛的受众群体，提高科学知识在不同群体间的传播到达率。

（二）中国社交媒介科学传播特点

以社交媒介为渠道的科学传播不可避免地会带有互联网大数据环境下传播活动本身的特征，但也存在科学传播独有的特性。

1. 个性化：技术改善媒介用户体验

个性化内容推荐是指基于用户的个人信息，如性别、年龄、偏好、行为等，为用户提供专门定制的内容，以吸引信息接收者的注意或增强其阅读并加工信息的动力，主要依靠协同过滤、信息过滤和混合推荐算法作为技术支撑，社交媒介大数据为该功能的实现提供了条件，个性化内容推荐机制不仅可以减少用户的信息搜寻时间、提高信息获取效率，还有助于帮助用户找到兴趣喜好相似的群体①，满足社交属性需要。

针对中国科普工作中存在的资源投入偏差、区域与城乡资源不平衡、项目活动绩效缺乏评估的问题，社交媒介在个性化方面的技术特点可以提升科普工作效能、提高科普精确度、评估科普工作效果②。社交媒介科学传播作为科学知识内容传播，同样受到平台个性化推荐机制的影响，利用大数据为用户主动推送符合其需求的科普内容。受众不再是单一、被动的接收者，而是具有差异性的个体。与通过传统媒体或科普展馆等方式进行的科学传播相较，社交媒介科学传播能够关注到不同用户的兴趣，从而实现个性化、多样化传播，提升传播效果与用户的采纳和参与度。

2. 品牌化：账号运营打造传播品牌

在互联网时代，随着移动终端的普及、社交媒介平台的兴起、公民科学素养的提升、政策对科学传播的扶持力度加大，科学传播活动越来越受欢迎，市场愈发广阔，通过社交媒介进行科学传播的机构或个人越来越多并收

① 王文韬，钱鹏博，丁雨辰，等. 个性化内容推荐关闭对移动社交媒体持续使用意愿的影响[J]. 图书情报工作，2023, 67(11): 88-100.

② 董全超，刘涛，李群，等. 浅析大数据技术对科普工作的推动作用[J]. 科技创新导报，2017, 14(11): 168-70+72.

获了极高的人气。在此背景下，社交媒介科学传播作品的质量不断提升，账号运营的品牌化趋势愈加显著。

通过社交媒介进行的科学传播与通过传统媒介形式进行的科学传播活动相较，通俗化、亲民化、趣味性的特征更加显著，或亲民通俗或严肃认真的多元创作风格也可以适合不同目标人群的需要。此外，社交媒介的“社交属性”也突显人格化特征，有助于使传播主体在现今分众传播的时代有目的地进行内容选择和风格设置，消减传播主体与受众之间的距离感，使抽象的知识与具象的人联系起来。该手法在社交媒介科普视频中的表现尤为显著，以短视频为媒介的知识传播呈现出鲜明的人格化特征。口语化表达方式成为传播的重要载体，讲述者成为知识的一部分，以出镜或出声的方式进行科普，更容易吸引受众、打造品牌。以知名科普账号“无穷小亮微博”为例，其运营者张辰亮为《中国国家地理》杂志社青春版《博物》副主编、《中国国家地理》融媒体中心主任、科普作者，从幕后走到台前，以本人视角或本人出镜的方式制作以生物为主的科普内容，极具个人特色，让枯燥的知识融入日常生活，广受公众喜爱，已在微博、B 站等多个社交媒介平台中积累千万关注者。

在极大的流量推动下，许多科普类账号的热度并不低于娱乐类、影视类、生活类、体育类等其他热门内容分区的账号，成为社交媒介平台的重要意见领袖。通过明确的专业领域定位、高品质的产出内容，以及富有幽默感的社交互动吸引了众多粉丝的关注，科学传播个人 IP 的塑造也有助于科普市场化链条的拓展，提升创作者的创作热情和积极性。

3. 商业化：知识经济推动流量变现

知识付费主要指知识的接收者为其所阅览知识而付出资金的现象。近年来中国知识付费用户规模正不断扩大，如今知识付费已成为一种重要的发展趋势，正在逐步迈向产业化。

社交媒介创造了多维互动的交易平台，重构了知识经济的变现逻辑，也为科学传播从业者带来获取经济效益的机会。一方面，科学传播者可以通过吸引用户注意，基于流量实现广告营收；另一方面，发布广告、优质文章打赏、电商经营、在线营销、发布付费文章、开通付费社群等方式也已成为知识经济背景下流量变现的渠道。

以知识社区知乎为例，根据其最新发布的财报，各项收入来源中，付费会员收入同比增长 39.2%，同时职业培训收入同比快速增长 85.6%。社交媒介呈现出电商化的发展趋势，多个社交媒介平台正在加速商业化之路、打造自身的商业生态。此类商业化的发展模式有助于吸引更多优秀人才投身科学传播事业，也能为全职科普从业者提供经济利益的保障，为科学传播行业不断注入新的活力。

4. 多元化：各行各业丰富传播领域

随着更多的创作者进入社交媒介平台开展科学传播活动，科学传播的内容质量不断提升，传播领域不断丰富，从科学前沿的量子物理知识到生活中的趣味现象解释、从远古生物到现代医疗都成为社交媒介科学传播者的内容创作来源。抖音网友关注的话题涉及政治学、数学、物理学、心理学等多个领域，B 站知识区科学科普类短视频内容涉及材料学、生物学、军事学等众多学科。

（三）中国社交媒介科学传播存在的问题

社交媒介在为科学传播带来极大便利与活力的同时，也显露出诸多弊端，包括加重信息茧房与数字鸿沟、滋长虚假信息传播、引发法律与伦理纷争等。

1. 推荐造成信息茧房效应

信息茧房效应（或称“过滤气泡”“回音室效应”）源于互联网时代的信息检索，后在社交媒介时代的算法推荐中愈发突出，指人们信息选择会习惯性地被自己的兴趣所引导，从而使其认知局限于像蚕茧一般的“茧房”之中的现象。在互联网逐步走向 Web3.0 时代的当下，个性化推荐服务已经深入到社交媒介的方方面面，在为用户带来便利的同时，也增加了形成信息茧房的风险[①]。

---

① 杨雨娇，袁勤俭. 个性化推荐的隐忧：基于扎根理论的信息茧房及其前因后果探析[J]. 情报理论与实践，2023，46(3): 117-26.

用户在通过社交媒介获取科学科普知识与信息时，同样会受到平台个性推荐机制加剧信息茧房的影响。用户使用社交媒介的主要目的是为和家人或朋友联系、获取新闻资讯、购物、观看直播等，在此情况下，信息较为复杂、理解难度更大的科学传播内容极易不受用户青睐，从而获得更少的曝光量和更低的触达率。长此以往，受众被主动推送到科学传播内容的概率变低，拓宽知识面的难度将会增大。此现象无疑与科学传播活动的目的、初衷背道而驰。

2. 碎片化知识缺乏系统性

社交媒介平台上科学知识传播的碎片化有助于提升传播的效率，帮助更多受众建立对科学知识的基本了解，让更多用户有机会了解前沿科技进展等信息，但这也往往与科学知识本身具有的复杂性、专业性特点相悖，不利于培养用户深入思考科学技术问题的能力。

与系统性的学习活动相比，科普短视频或行文简练的科普图文更像一种“知识快餐”，本身可能为了吸引公众有限的关注度而压缩信息量，造成科学知识的扭曲和关键要素的缺失。此外，从长远看，这样的信息消费形式并不利于受众知识体系的建立与完善，可能仅仅停留在“看热闹”的层面，对于公众科学素质的提升效果存疑。

3. 审核不严虚假信息滋生

虚假信息是错误的或误导的信息，意味着“信息完整性的断裂”①。在通过社交媒介进行的科学传播过程中，由于网络信息环境复杂、相关审核机制不够完善、传播主体数量庞大且良莠不齐、对言论自由的滥用等原因，传播内容质量的严谨性远不及传统媒体，缺乏门槛的社交媒介成为虚假信息滋生的温床。部分传播主体或在商业化的环境下过度追求经济效益、推销劣质产品，或在不知真相的情况下未经严谨考察而发布虚假内容，皆为社交媒介科学传播带来了不利影响。

---

① 刘海龙，于瀛. 概念的政治与概念的连接：谣言、传言、误导信息、虚假信息与假新闻的概念的重构[J]. 新闻界，2021(12): 23-40.

4. 数字鸿沟阻碍信息获取

随着中国步入信息时代，互联网深入到社会的方方面面，对大众生活产生愈发深远的影响。社交媒介使科学传播更加通俗、亲民，让更多受众了解到原本复杂深奥的科学技术知识，带来了“数字红利”。但由于经济社会发展的矛盾，同时出现的还有“数字鸿沟”。不同群体之间在拥有和使用现代信息技术方面存在着不平等。

5. 传播过程涉及不当侵权

社交媒介平台上信息传播便捷，但这也引发了诸如作品盗用、抄袭等失范现象，侵犯了原创作者的版权权益，带来了众多有关知识产权的争议。在知识付费行业中，主体的抄袭内容进行回答、音乐播放等行为和客体的低价出售、无偿分享等行为均涉及对著作权的侵犯①。社交媒介版权问题依旧存在灰色地带，对其版权侵犯问题的界定十分复杂。例如，据上观新闻报道，2023 年 8 月 15 日，某微博科学科普博主发文称自己被某公司指控侵权，但所谓的“侵权照片”都是他个人的作品，后证明是公司自身的搜图功能出现失误，可见在数字时代里版权保护问题的复杂与棘手。

对于隐私权的侵犯也是社交媒介科学传播中的常见问题。众多机构在进行科学传播尤其是短视频科学传播活动时，常常会在未经同意的情况下侵犯出镜人员的合法权益，如医疗科普视频中的患者尤其是未成年患者。由于就医过程的私密性，在未经允许的情况下，上传患者就医视频作为科普案例极易侵犯患者的肖像权、隐私权及名誉权。

（四）中国社交媒介科学传播发展建议

针对传播活动中存在的信息茧房日益加重、知识缺乏系统性等问题，为中国社交媒介科学传播提出以下建议。

① 肖叶飞. 著作权视角下知识付费行业的侵权行为分析[J]. 编辑之友, 2022(5): 77-82.

1. 改进推荐算法传播优质内容

破除信息茧房、扩展认知视野对数字时代的受众来说极为重要。为拓宽受众对科学知识的了解、提升受众的科学思维能力，作为个性化推荐机制使用者的社交媒介平台应当在追求经济效益的同时承担起社会责任，通过加强管制、优化推荐算法、丰富推荐模式等方式降低信息茧房的危害。平台应在基于用户的历史行为、相似用户偏好、评论情绪倾向、实时反馈等个性化推荐算法之外，保留对其他内容，尤其是科学技术普及内容的推荐，提升科学类信息的曝光度和影响面，培养用户对科学类信息的兴趣。

平台也应当选择更有价值的高品质内容进行推荐，对高质量内容的制作者进行奖励，鼓励用户的评论、点赞、关注等互动行为，通过推行现金与物质激励、提高曝光率支持和颁发荣誉、官方认证等举措促进科学内容生产与传播的良性循环。

2. 规范传播过程维护知识产权

社交媒介蓬勃发展，但依旧存在界限不明的地方。在社交媒介平台上进行科学传播活动要尊重科学传播链条中所有参与者的合法权利。另外，相关部门和媒体平台应加强合作，明确社交媒体科普“红线”，畅通举报渠道，依法查处，从技术层面和审查机制上减少谣言传播、网络侵权、“伪科普”广告等恶性事件的发生，引导用户学习、遵守法律法规和平台规范，参与不当科普信息反馈。

在知识产权方面，国务院知识产权战略实施工作部际联席会议办公室印发的《2023 年知识产权强国建设纲要和“十四五”规划实施推进计划》①指出，应改革完善知识产权的重大政策与完善新兴领域和特定领域知识产权规则，强化知识产权保护。平台机构同时应当规范管理流程，对侵权的传播主体予以严厉追责，保护原创作品，奖励优秀作品，打击虚假信息，营造良好的传播环境。

社交媒介科学传播账号运营应当树立知识产权意识，在不侵犯他人版权的同时，通过正当途径积极维护自身的知识产权。另外，传播主体应严格约束自身，充分学习了解与隐私权等公民权利相关的法律法规及政策，坚决杜

---

① 中国政府网. 2023 年知识产权强国建设纲要和“十四五”规划实施推进计划[EB/OL]. [2023-07-21]. https://www.gov.cn/zhengce/zhengceku/202308/content_6898128.htm.

绝侵犯他人合法权利的行为。

3. 借助政策支持促进广泛传播

经过多年努力，中国信息基础设施实现跨越发展，已建成全球规模最大的信息通信网络①，数字乡村建设也取得了新进展、新成效②。但是根据第十二次中国公民科学素质抽样调查结果，中国的“数字鸿沟”现象得到一定的缓解，但仍然存在传播的不平等③。

弥合“数字鸿沟”有助于让每个人都有机会享受科技发展带来的便利成果，提升科技进步的普惠性，更有助于让科学传播的内容充分通过社交媒介到达千家万户。为消除“数字鸿沟”，在相关政策倾斜与推进的基础上，社交媒介平台应当承担起相应的责任，加大对数字技术及其产业应用的投入、鼓励数字技术应用模式创新、鼓励社会多元参与、提升科学传播的内容与质量、加大对于特定地区和人群的科学类信息投放等。

另外，对老年人、残疾人等特殊群体的需求关照必不可少，政府可通过加大技术研发投入、支持新兴技术在导盲与语音识别等方向的应用、设计特定名词解释等友好交互功能措施加快信息无障碍建设、降低科学传播的受众门槛，从而使科学信息触达更多读者与观众。

4. 强化宣传运营提升媒介素养

受众作为社交媒介科学传播的接收者，其媒介素养水平对科学传播的效果有着重要的影响。提升受众的媒介素养，需要相关部门和平台一起加强宣传教育，推动用户对于媒介平台和算法的运作原理的科普，鼓励用户参与到监督、反馈过程之中。平台应加强运营与监管，加强审核管理，减少谣言传播和网络侵权等恶性事件的发生。

（王玉蕾、朱雨琪）

---

① 中国政府网. 我国建成全球规模最大信息通信网络[EB/OL]. [2022-08-22]. https://www.gov.cn/xinwen/2022-08/22/content_5706298.htm.

② 国家网信办. 中国数字乡村发展报告（2022）[EB/OL]. [2023-03-01]. http://www.cac.gov.cn/2023-03/01/c_1679309718486615.htm.

③ 高宏斌, 任磊, 李秀菊, 等. 我国公民科学素质的现状与发展对策——基于第十二次中国公民科学素质抽样调查的实证研究[J]. 科普研究, 2023, 18(3): 5-14+22+109.

九

中国智能媒体科学传播

（一）中国智能媒体科学传播概况

智能媒体在现实技术中的分类，主要包括人工智能技术、大数据/算法技术及沉浸式技术。AIGC 指利用人工智能技术（生成式人工智能路径）来生成内容的新型内容生产方式。2022 年 11 月上线的 AIGC 应用 ChatGPT，凭借其在语义理解、文本创作、代码编写、逻辑推理、知识问答等领域的卓越表现（图 9-1），以及自然语言对话的低门槛交互方式，迅速获得大量用户，在全世界范围内掀起了一场全新模式的人机互动浪潮。在科学传播领域，AIGC 也可以助力科学知识生产、科普信息分发、科普场景应用等环节，其现实应用给科学传播及科学教育领域带来质的飞跃。

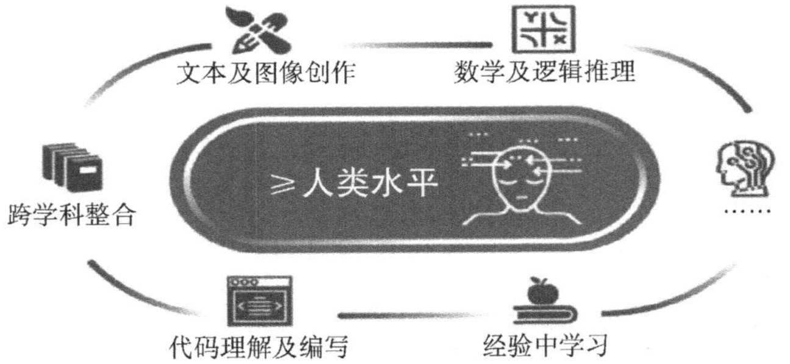

图 9-1　生成式人工智能显现通用人工智能雏形（图源：综合微软研究院的 *Sparks of Artificial General Intelligence* 等公开资料研究绘制）

1. 智能媒体科学传播模型

智能媒体环境下科学传播模型（图 9-2）的主要模块有科学传播知识源、科学知识传播者、科普信息智能加工、科普信息智能发布和科学知识接收者 5 个部分①。

（1）知识源是科学传播的基础。科学传播知识源来自各行各业的科学知识，包括科学事实、科学理论、科学方法、科学思想、科学精神、科学研究过程、科学研究意义等。可依托 AI 技术构建科学传播的知识图谱，为科普信息提取构建基础。

① 任锦鸾，李沛凡，唐子晨，等. 面向企业家的智能媒体科学传播模型与策略研究. 科学学研究, 2024, 42(1): 98-107.

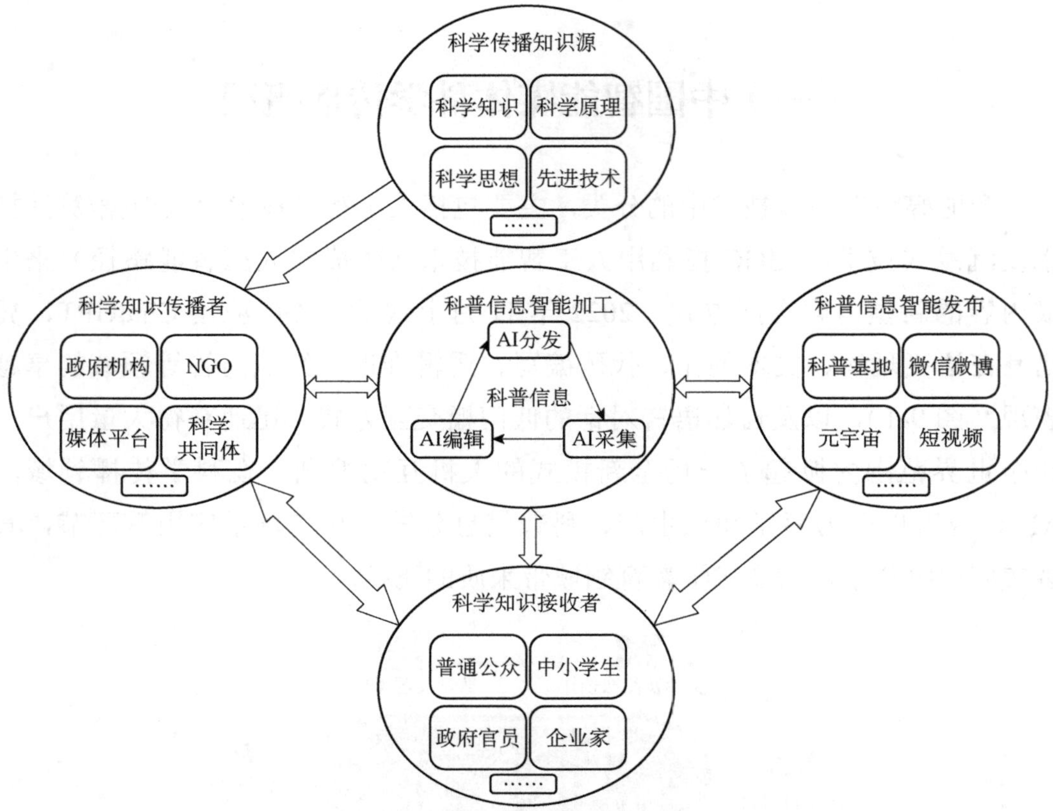

图 9-2　智能媒体科学传播模型

（2）传播者是科学传播的动力。政府机构、专注于科学传播的 NGO 组织、有不同科普使命的科学共同体、企业科普部门等都是科学知识重要传播者；随着媒体形式的发展，抖音、快手、央视频、微信视频号、微信公众号、微博公众号等社交媒体，腾讯视频、爱奇艺、B 站等长视频网站，新浪、搜狐等门户网站，果壳、松鼠会等专门科普网站也都是科普知识的重要转播力量。再有，随着智能技术发展、媒体制作技术优化，科普知识接收者也可以便捷地对科普知识进行二次甚至多次转发、加工，也成为重要的科学知识传播力量。

（3）科普信息被精准智能加工。AI 技术可以高效精准地完成科普信息采集、清洗、编辑和分发等环节的工作，并且依据不同呈现平台的特性，将科学知识加工成不同的形式。

（4）科普信息被智能发布。在智能技术支持下，已经为科普信息发布提供了多种平台，针对特定人群的精准推送、跨越不同平台的联合发布、虚拟和现实相结合的互动发布、统筹布局的全生命周期发布，为提高科学传播效果提供了坚实基础。

（5）接收者是科学传播的受众。智能媒体的发展为实现科普受众的精准传播提供了可能。基于不同的传播目的、结合不同类型的科学知识、针对不同科学传播接收者，如企业家、政府官员、青少年等，可以设计不同的科普表达方式，采用不同的渠道。

（6）各模块之间实现灵活互动。在智能媒体环境下，科学知识传播者和科学知识接收者之间实现双向互动，并且共同补充完善科普信息和科学知识，这也是智能媒体环境下科学传播的核心特征。

2. AIGC 赋能科学传播发展

（1）经济层面。资本热潮涌入，产业规模庞大。2021 年至 2023 年 7 月，中国 AIGC 领域吸引了 280 起投（融）资，彰显其热度和增长潜力。应用层机会领先，模型层受 ChatGPT 影响于 2023 年迎来高潮。投资倾向显示，虽然文本、图像、语音各有所展，但多模态和跨模态应用更受青睐，这股资本动力为 AIGC 在科学传播的赋能奠定了经济基础。2023 年，中国 AIGC 产业规模达 143 亿元，正培育大模型生态和基础设施。

（2）政策层面。包容审慎支持，分级分类监管。中国正通过完善政策体系和快速推出监管政策，促进 AIGC 产业健康发展及应用规范，确保技术完善和场景拓展的合法与安全。在 AIGC 领域，中国已密集推出相关政策。

（3）技术层面。中国引路发展，自然语言处理领域活跃。国产大模型技术涵盖自然语言处理、多模态和机器视觉等前沿领域，以自然语言处理最为活跃，形成了紧跟世界前沿的大模型技术群。总的来看，超六成的国产大模型主要基于自然语言处理技术进行预训练和微调，多模态领域活跃度仅次于自然语言处理技术，超两成国产大模型可处理图像、视频、音频等多模态数据，而聚焦在计算机视觉和智能语音等领域的国产大模型数量相对较少。科技巨头凭借数据、算力优势建立基础大模型，作为 AI 基础设施推动产业发展。大模型技术的突飞猛进及开放式获取为 AIGC 在科学传播和科学教育中的应用提供了极大便利。

3. AIGC 赋能科学传播场景

AIGC 的应用能大幅提升科学传播工作的精准性和有效性，以此使新的科学传播模型从容适应实时的信息传播速度和海量的信息内容。

（1）家庭信息场。AIGC 赋能家庭科普。家庭科普环境信息场是社会成员接触时间最长的科普时空，担任科学知识传播者的家庭成员在年龄、教育背景、人生阅历、个人先天禀赋、对于所获得知识的转换生成能力、个人偏好，以及科学传播作品自身的亲和力、感染力等方面可能存在不足，科学传播的效果差强人意。但 AIGC 不仅可以借助强大的算力和超大语言模型快速生成更加多样的科普传播内容、不断扩展科学传播的覆盖人群，还可以即时回答提问者提出的各种各样的问题、撰写各种题材的文章。作为传播客体的家庭成员可以借助 AIGC 直接与机器对话来开展“人机共创”，就他们对于科学传播领域感兴趣的问题直接向机器人开展询问，AIGC 给出回答，这样的“问答式”学习过程无需人的介入就能灵活应用所学知识解决实际问题①，从而营造一个更加高效、便捷、可以随时应对各种各样新生事物的科普环境信息场，从而增强科学传播的吸引力。2023 年 2 月 20 日，复旦大学自然语言处理实验室邱锡鹏教授团队发布了国内第一个对话式大型语言模型——MOSS，MOSS 可执行对话生成、编程、事实问答等一系列任务，打通了让生成式语言模型理解人类意图并具有对话能力的全部技术路径。阿里巴巴的“通义千问”已经可以跟人类进行多轮的交互，也融入多模态的知识理解，为科学传播领域的“问答式”学习模式的推广提供了技术基础。

（2）学校信息场。AIGC 赋能科学教育。在科学教育被重视之时，AIGC 的出现带来了新的教育“出口”，也激发科学知识接收者的猎奇心。AIGC 可以对教育的旧技术和老方案进行重新包装，改变教育的强弱格局与技术偏好，乃至让那些因为技术不成熟而被搁置的老方案重新焕发光彩。无论使用者、提问者是谁，AIGC 都能为之匹配答案；无论是黑板、粉笔与书籍，还是多媒体教室、计算机、网络，它们都可以借由 AIGC 的大数据整合、大算力支持和大模型分析，构建目标相互衔接、对象相互联系、内容相互协调的教育转型共同体；无论是远程教育、教育信息化、“互联网+教育”、翻转课

---

① 曹克亮. 人工智能的神话：ChatGPT 与超越的数字劳动“主体”之辨. 长白学刊, 2023(6): 52-60.

堂、智慧教育这样在历史演进中证明过自己的问题解决方案，亦或那些曾经被人设想却苦于没有技术支撑的教育方案，都有可能藉由AIGC转化为教育的有效场景、核心应用、关键策略。例如，接入讯飞星火大模型后，科大讯飞的学习机实现了AI一对一辅助教学、中英文作文批改、口语陪练等功能。除了科大讯飞有相关产品外，接入“子曰”大模型的网易有道、接入MathGPT的好未来、接入“银河”大模型的作业帮，以及接入“文心一言”的百度、接入“360智脑”的360，都有类似的功能。

（3）社会信息场。AIGC赋能GLAM。GLAM（美术馆、图书馆、档案馆、博物馆）作为人类社会知识与文化的重要载体，在知识储藏、知识推广、文化传播中扮演不可或缺的作用，AIGC不仅能够促进GLAM等机构的科学知识保存与传播，也将促进科学知识生产。

通过AIGC结合计算机图形学、区块链等技术，将GLAM馆藏资源均以数字孪生的形式进行复刻，实现实体资源数字化，这将实现馆藏资源跨越时空限制的永续保存与传播，将馆藏资源社会价值发挥到最大。同时可以通过AIGC助力文物修复，还原历史“真相”，如三星堆博物馆探索AI识别文物修复。另一方面，AIGC有利于GLAM等机构开展新的知识生产，最大程度挖掘馆藏资源价值。当前尽管GLAM等机构主要承担知识保存与传播的职能，但一般而言也是相关领域研究的重镇，在新知识生产领域也扮演着举足轻重的角色。未来随着技术与算法的不断优化，以AIGC模式挖掘GLAM丰富的馆藏资源并加以分析，新知识可能将不断涌现，这不仅能充分挖掘GLAM馆藏资源价值，也对相关学科发展具有积极意义①。

4. AIGC赋能科学传播探索

智能媒体技术在中国科学传播工作中已有较为广泛的应用，概括来看，可分为如下应用领域。

（1）沉浸式体验：VR技术在科学传播中的创新。身临其境是VR技术的主要能力，科学知识通过这种“体验式”学习的方法，提升科学传播效

① 王诺，毕学成，许鑫. 先利其器：元宇宙场景下的AIGC及其GLAM应用机遇[J]. 图书馆论坛，2023, 43(2): 117-124.

果。2023 年，中国利用 VR 技术呈现的科普项目丰富多彩。2023 年年初，在辽宁科技馆科技冬奥主题展览中，借助 VR 等技术手段，观众沉浸式体验短道速滑、高山滑雪等比赛项目，了解冰雪运动知识；国务院安全生产委员会办公室、应急管理部在湖北省武汉市举行全国“安全宣传咨询日”主场活动，在互动体验区，观众可以借助 VR 设备“置身”地震等各类自然灾害和高空坠落等各种安全事故的“现场”，学到安全防护及自救知识；2023 年全国科普日活动期间，“中医针灸铜人”、海洋油气核心装备构成与安装展示项目都引入了 VR 技术；杭州亚运会上，赛事数字智慧服务提供虚拟人方式，实现沉浸、互动式地游城、观赛和竞技等，市民可以在数字孪生舱“分身”、在 AI 绘画一键生成三维卡通形象、戴上 AR 眼镜“穿越”到古代杭州。VR 带来深度沉浸体验，充满科技感与未来感，不断改变科学知识普及方式，使知识学习更加便利、丰富、有趣①。

（2）个性化服务：AI 技术在科学传播中的应用。AI 技术对于提升科普工作的精准度和实效性具有显著作用，其强大的学习分析能力能够精准捕捉用户对知识的独特需求和兴趣点。基于这些数据，AI 能够智能地为用户推送个性化的科普内容，从而极大地增强科普的针对性。不仅如此，AI 技术还在创新科普方式上展现出巨大潜力。通过构建智能问答引擎和知识图谱集成，AI 为科普内容提供了丰富的交互体验，使每位用户都能获得满足其需求的科普服务。

越来越多的企业正积极投身于社会化科普事业，将科普与科技研发紧密结合，以引导公众更加亲近科学。以 2023 年全国科普日为例，科大讯飞在首钢园展示了其 AI 科技的魅力。观众在“AI 星球奇遇记”的主题下，可以探索多个特色星球，如“未来星球”“机器人星球”等，并在沉浸式的体验中感受人工智能技术的创新应用。这样的活动不仅激发公众对科学的兴趣，也进一步推动了科普工作的深入发展②。

（3）润物细无声：智能语音助手在科学传播中的应用。随着技术的不断进步，智能语音助手已经渗透到生活的各个角落，而在科学传播领域，它们正以一种“润物细无声”的方式，为公众提供着便捷、高效的科普服务。智

① 徐令缘. 拉近大众与科学之间的距离“智慧科普”带你走进知识乐园[N]. 人民日报海外版, 2023-10-16(8).
② 徐令缘. 拉近大众与科学之间的距离“智慧科普”带你走进知识乐园[N]. 人民日报海外版, 2023-10-16(8).

能语音助手具备出色的语音识别和理解能力，能够准确捕捉用户的查询意图，并快速提供相关的科学信息。无论是关于宇宙的奥秘、生物的多样性，还是物理定律的解释，用户只需通过简单的语音指令，即可获得详细的解答和深入的科普内容。这种交互方式不仅使科学传播更加便捷，也增加了科普内容的趣味性和吸引力。智能语音助手还能根据用户的历史查询和反馈，智能推荐相关的科学内容。它们能够学习用户的兴趣和偏好，并为用户推送个性化的科普信息，使科学传播更加精准和有效。智能语音助手还能与其他科技产品无缝对接，为用户提供更加丰富和多样的科普体验。例如，用户可以通过智能音箱与智能家居设备联动，模拟科学实验、观察天文现象等，使科学传播更加生动和有趣。

（二）中国智能媒体科学传播特点

智能媒体的出现不仅提供了新的科学传播媒介，也构建了新的科学传播范式，为科学知识的传播提供新兴动力。与传统媒体及互联网技术支持下的科学传播模式相比，智能媒体环境下的科学传播具有以下特点。

1. 技术进步的飞速性

以百度、阿里、腾讯、华为为第一梯队“玩家”，商汤科技、昆仑万维等科创企业为先锋“玩家”，360、京东、网易、知乎等为第二梯队“玩家”，以及字节跳动、快手、小红书等为潜力“玩家”，互联网“大厂”已经在大模型、算力设施、AIGC 应用产品、生态等方面展开竞争，甚至连移动、联通、电信三大运营商，长虹等家电生产企业，清华大学、复旦大学、中国科学院等科研院所和高校，都发布了各自的大模型。所以，资本的支持、算力的发展及竞争的推动，使 AIGC 的迭代速度极快。例如，“文心一言”、“通义千问”等主要大模型产品，在 2023 年年底还停留在生成文字和图片阶段，而 2024 年 2 月 16 日，Open AI 在社交平台 X（Twitter）上发布新文本转视频模型——Sora。它可以根据输入的文字提示，生成最长 60 秒的视频，其中还能够自行切换镜头、给出特写。这就意味着，继文本、图像之后，Open AI 将其先进的 AI 技术拓展到视频领域。

2. 知识传播的聚合性

在编撰科普材料时，AIGC 可以帮助创作者优化标题、关键词和内容的结构，甚至生成新内容，以增加其在线可见性和吸引力。无论是将其嵌入搜索引擎输出相关内容，还是提问和列出提纲要求它完成完整的内容生产，AIGC 都将人工智能写作的能力提升到一个新的高度。短视频平台以算法和大数据为基础，运用机器实现对用户个性化的内容分发和推荐，而 AIGC 技术将改变现有的内容分发模式。以往大平台的内容分发，如抖音、小红书、快手等智能分发和推送其平台现有的内容，但基于 AI 技术，可以分发、推送和整合不同平台的信息和内容，并进行知识的“聚合性”整合，AI 技术为人们提供了更加完整且有针对性的回答。

3. 传播自我的学习性

在浩如烟海的科学知识中收集、编辑和分发各类科普信息对传统以人工为主的运行模式是巨大挑战，AI 技术引入可以更高效和精准地完成科普信息采集、清洗、编辑和分发等大量工作。科学知识被加工为文字、图片、音频、视频、动画、游戏、科普剧等诸多形式提供给合适的平台选取。并且，经过算法训练的机器人可以通过学习，逐步掌握科学信息的采集、编辑、分发等系列工作，成为新的科学传播主体，为科学知识的多点传播提供基础。

（三）中国智能媒体科学传播存在的问题

1. 虚假信息扩散，损害科学权威

生成式人工智能输出的可能会加剧虚假信息的扩散和新闻偏见的固化。首先，人工智能没有能力在真假交织的数据中选择客观真实的数据作为生成新闻的依据，在其编辑新闻的过程中必然会产生由于数据源失

实所导致的虚假新闻。其次，在与 AIGC 互动的过程之中，用户会发现 AIGC 会生成一些有明显事实错误的虚假信息。以 ChatGPT-3.5 以下版本为例，其在生成虚假信息时，不会给予用户任何提示，更不会拒绝回答用户的问题①。这可能会对科学传播中科学内容的真实严谨性产生巨大冲击。

生成式人工智能在生产虚假信息的流程中被“武器化”②，它们使用有引导性的数据编辑营造出一种“该观点有实例支撑、专家认证、科研背书”的错觉，其炮制出来的科普谣言和伪科学信息的欺骗性比普通的虚假信息更强。有伪科学精神的虚假信息可能会产生广泛的社会影响，其不仅依附于新媒介传播过程的及时性、裂变性等特性，更多时候应该归咎于炮制虚假信息并且大量转发传播的社交机器人。这种现象的存在，久而久之就会混淆视听、损害科学的权威性，消解大众对科学的兴趣。

2. 影响人类学习，弱化批判能力

生成式人工智能可以在知识生产领域为人类提供便捷的基础服务，帮助人类用户提高知识生产的效率。而用户对于技术的依赖，或使其成为生成式人工智能的被动接受者，并逐渐形成某种“习惯”，易于使人们形成思维惰性，并且在一定程度上影响人类学习、理解和质疑的能力。同时，当下的生成式人工智能技术在输出知识时也存在拼凑式创新的感觉，将不相干的词汇进行强制组合，长此以往，这种情况下的知识接收将会打破人类传统的知识生产和知识认证的系统性与平衡性，这也与追求真理，崇尚创新，尊重实践，弘扬理性的科学精神相悖。最后，AIGC 参与科学知识的传播，很有可能将这项人占据主导地位的精神生产活动变为“人听命于 AIGC”的活动。纵然 AIGC 可以在教育活动中给出更精确、更客观、更科学的答案，但人类也可能从这个“黑箱”中学不到任何东西，甚至可能出现“遇事不决，便问机器”的懒惰与“人假机威”的自大③。

---

① 陈锐，江奕辉. 生成式 AI 的治理研究：以 ChatGPT 为例. 科学学研究，2024, 42(1): 21-30.

② 黄勇军，郭安然. “艺术和科学的结合”：AIGC 技术下新闻编辑的机遇、困境与优化[J]. 新闻爱好者，2023(7): 48-51.

③ 杨欣. 基于生成式人工智能的教育转型图景——ChatGPT 究竟对教育意味着什么[J]. 中国电化教育，2023(5): 1-8+14.

（四）中国智能媒体科学传播发展建议

1. 结合智能媒体特点创新发展

智能媒体技术在媒体领域的嵌入构建起新的科学传播技术支撑体系和传播模式，这些改变促使我们必须建立新的科学传播观。科学传播不但要实现从上到下的传播，也要建立从下向上的通道；科学传播的目标不再仅仅是弥补公众科学知识缺失或让公众理解政府科技政策，也可以是推动科技成果转化为推动社会发展的动力。同时也要及时更新社会认知，由政府、相关行业组织及学界牵头，定期展开关于生成式人工智能的伦理内涵的讨论，明确人工智能技术在“可为”和“不可为”之间的行为边界，并形成伦理宣言，以及时应对新的伦理风险。最后，及时制定用户伦理守则，形成用户使用的伦理共识，避免用户违规使用生成式人工智能，提倡用户尊重知识产权，尊重隐私，反对用户利用生成式人工智能生成虚假、违法信息，甚至作为犯罪的工具。

2. 建设科学传播标准训练数据

训练数据集是生成式人工智能之所以能涌现惊人能力的重要原因，也是其能接触虚假与有害信息的开端，因此由政府及相关行业组织牵头建设科学传播标准训练数据集是治理生成式人工智能的关键措施。

其一，标准训练数据集，应是由政府及相关行业组织共同主导建立，这样既可以起到良好的资源整合效果，也可以使标准训练数据集处于监管之下，确保隐私及数据的安全。其二，根据生成式人工智能的功能分门别类地建设相应的标准训练数据集，如自然语言类、图片类或是影像类等。其三，根据预训练的不同阶段建设不同层级的训练集，如无标注数据集和人工标注数据集。其四，建立完善的训练数据评估体系，确定标准训练数据集的更新周期。监控标准训练集的质量，剔除虚假及有害信息，并确保标准训练数据集的时效性。其五，建立训练数据集监管体系，对标准训练数据集进行全流程控制，对使用者的使用行为进行监控，防止标准训练数据集被误用。

3. 加强代码规制代码算法治理

“代码规制代码”在互联网治理中是较为成熟的治理方式，并且已经颇有成效地在治理网络乱象中发挥了作用。例如，在互联网搜索的过程中，倘若我们正准备进入一个非法网站，浏览器就会依据提前设置好的代码自动屏蔽非法网站，这一过程充分体现了“代码规制代码”的效率治理、源头治理优势。

其一，生成式人工智能的开发者及使用者应当加强内部算法监管技术，实现有效的内部代码治理。如按照《互联网信息服务算法推荐管理规定》的要求：建立健全算法机制机理审核、科技伦理审查、用户注册、信息发布审核、数据安全和个人信息保护、反电信网络诈骗、安全评估监测、安全事件应急处置等管理制度和技术措施，制定并公开算法推荐服务相关规则，并配备与算法推荐服务规模相适应的专业人员和技术支撑。其二，增加用户反馈系统。在用户与承担科学传播任务的生成式人工智能互动过程中，由于用户的亲历性与其行为的多样性等因素，用户往往是生成式人工智能风险的第一发现人，也是风险的直接承受者。因此应当为生成式人工智能设置用户反馈算法，赋予用户对生成式人工智能输出的信息进行评判、标注的权利，并对用户反馈的信息进行筛选以作为新的训练数据集的一部分，进一步训练、优化生成式人工智能。

（屈思雨、王晨阳）

十

中国电影科学传播

电影在科学传播中扮演着至关重要的角色，通过生动、形象的方式展现科学知识和原理，使观众更容易理解并接受科学知识。中国电影科学传播的概念可以概括为通过电影作品和相关媒介传播科学知识、科学方法和科学精神的过程。

2022 年，新冠疫情给中国电影创作生产、发行营销、影院放映等各个环节造成较大压力。压力之下，电影业的市场流动性收紧、融资成本上升、融资难度加剧，行业发展的信心受到较大影响。这一年，中国（不含港澳台）生产各类影片 485 部，其中故事片 380 部。在不断有影片撤档、换档的情况下，电影总票房达 300.67 亿元（含二级市场票房），约合 43.6 亿美元，位列全球第二位。其中，国产电影票房为 255.11 亿元，票房过亿元的影片 34 部。全年城市院线观影人次为 7.12 亿，新增影院 805 家，新增银幕 4695 块。

在科幻影视方面，2022 年上映的 21 部科幻影片总票房为 82.4 亿元，IP[①] 改编成为主要内容来源。其中，10 部国产科幻电影总票房占全年科幻电影总票房的 67%，中国科幻电影生产力进一步提升。年度总票房前十名中，科幻电影占据 4 个席位，《独行月球》以 31 亿元票房获得 2022 年度票房亚军[②]。在 2022 年网络电影整体数据下滑的大背景下，国产科幻网络电影基本保持稳定发展。各网络视频平台上线科幻网络电影 26 部，占全年网络电影总数的 6.7%，整体数量有所减少，但科幻网络电影占网络电影总体市场的份额比例有所提升。

相较于 2022 年，2023 年中国电影行业表现出强劲的复苏趋势。据国家电影事业发展专项资金管理委员会（简称“电影专资办”）的数据初步统计，2023 年中国电影年度票房收入达 549.52 亿元人民币，较去年提升 83.5%，打破了历史纪录。国产影片在其中占据主导地位，票房高达 509.31 亿元，占比高达 92.7%。在国产影片中，科幻电影表现突出，共有 9 部科幻电影上映，总票房近 65 亿元。2023 年，单部影片票房前三名分别为《满江红》（45.44 亿元）、《流浪地球 2》（40.29 亿元）、《孤注一掷》（38.48 亿元）。

从各项数据的分析来看，疫情之后，中国电影行业正在呈现稳健的发展

① 互联网界的“IP”可以理解为所有成名文创作品的统称，更多的是指代智力创造的著作版权，如文学、动漫、游戏等。

② 数据引自中国科幻研究中心《2023 中国科幻产业报告》。

态势，在这当中，科幻电影《流浪地球 2》凭借其票房位列三甲的地位，让科幻电影再次成为市场的亮点。

（一）中国电影科学传播概况

1. 政策鼓励产业发展

稳定持续的行业政策与行政支持力度是决定产业发展的重要因素。近年来，国家对文化产业的重视程度不断提升，出台了一系列鼓励和支持文化产业发展的政策。其中，电影产业作为文化产业的重要组成部分，受到国家政策的支持。近年来异军突起的科幻电影，由于亮眼的市场表现，得到了特别的关注和支持。

2022 年 8 月 17 日，中央办公厅、国务院办公厅印发《“十四五”文化发展规划》，进一步提出要推动文化产业高质量发展，培育骨干文化企业，扩大文化消费，增强文化软实力，加强文化市场监管和安全防范。

上海市科学技术委员会（简称“上海市科委”）通过制定政策、扶持资金、推动科技影都建设、支持科学电影的创作，促进国际交流与合作。中央的政策法规与地方的一系列具体办法，为电影科学传播的发展提供了全方位的支持和引导，显著推动了科学电影产业的创新升级，为中国电影科学传播的繁荣和发展奠定了坚实的基础。

2. 电影市场整体向好

值得庆幸的是，国产片的票房占比从 2018 年的 38.4%上升至 2022 年的 84.85%。此外，新主流电影，如《长津湖之水门桥》和《万里归途》，在 2022 年都取得良好的票房成绩，显示出新主流电影在市场上的吸引力和号召力。

2023 年，中国电影产业抓住市场复苏的有利时机，在前五个月票房突破 221 亿元，同比增长 45%，电影市场正在全面复苏，国产片的票房和口碑均表现出色。值得一提的是，2023 年的“十一”黄金周期间，中国（不含港澳台）电影的总票房累计至 27.34 亿，超过 2022 年同期的 83%，总观影人次超过 6511.4 万，同期相比增长了 80%。到国庆档结束时，中国（不含港澳台）电影年度总票房已突破470亿元，超越了2022年的总票房。可以说，中国电影产业和电影市场已整体复苏，在这当中科学电影和科幻电影的市场份额有所增加。

3. 科学传播效果显著

在政策和平台的支持下，中国电影科学传播的作品质量和影响力也有了显著的提升。《流浪地球》等系列作品在票房和口碑方面都取得了不俗的成绩。这些作品不仅提高了观众的科学素养和认知水平，也增强了中国电影产业的影响力和竞争力。制作精良的科幻电影，普遍拥有扣人心弦的剧情和炫目的特效制作，付费收看的特性又使观众在观影过程中的注意力高度集中，热门科幻影片通常会在开放的影评社区引发广泛讨论，甚至“发酵”为更大范围的社会公众话题，从而取得跨界、多层次的科学传播效果。

4. 媒介融合助力传播

随着网络与移动终端设备的深度应用，电影观众的观影习惯也在发生变化。影视作品的传播途径呈现多元化与融合化发展趋势[①]。一般来说，一部优秀的作品在不同阶段会根据运营策略，在院线、网络、移动终端、广播电视及会展活动等多个渠道进行传播。2022～2023年，科学电影在不同传播平台上的展映情况如下。

（1）院线科幻电影。在电影院线上映的科学传播影视作品涵盖多种题材和类型，其中科幻电影占据主导地位。这些作品往往由知名导演执导，拥有出色的演员阵容和精良的特效制作。在票房表现上，这些作品也屡获佳绩，吸引大量观众前来观赏。据统计，2022年1月至2023年12月共上映有明确“科幻”类型标签的影片24部，票房收入共取得约161.34亿元（表10-1）。

表10-1　2022年1月至2023年12月中国院线上映的科幻电影（票房排序）

序号	片名	上映日期	票房/万元
1	《流浪地球2》	2023年1月22日	402 900
2	《独行月球》	2022年7月29日	310 300
3	《阿凡达·水之道》	2022年12月16日	169 000
4	《熊出没·伴我“熊芯”》	2023年1月22日	149 500

① 胡静. 大数据时代影视作品传播策略研究[J]. 传媒论坛, 2023, 6(20): 61-63.

续表

序号	片名	上映日期	票房/万元
5	《惊奇队长 2》	2023 年 11 月 20 日	103 500
6	《熊出没・重返地球》	2022 年 2月1 日	97 700
7	《巨齿鲨 2：深渊》	2023 年 8 月 4 日	85 100
8	《明日战记》	2022 年 8 月 5 日	67 900
9	《变形金刚：超能勇士崛起》	2023 年 6 月 9 日	65 500
10	《银河护卫队 3》	2023 年 5 月 5 日	60 600
11	《蜘蛛侠：纵横宇宙》	2023 年 6 月 2 日	35 700
12	《蚁人与黄蜂女：量子狂潮》	2023 年 2 月 17 日	27 200
13	《黑豹 2》	2023 年 2 月 7 日	10 600
14	《超级飞侠：乐迪加速》	2023 年 7 月 8 日	7 079.5
15	《宇宙探索编辑部》	2023 年 4 月 1 日	6 704.3
16	《饥饿游戏：鸣鸟与蛇之歌》	2023 年 11 月 17 日	5 738.5
17	《潜艇总动员：环游地球 80 天》	2023 年 8 月 12 日	5 203.8
18	《开心超人之英雄的心》	2022 年 7 月 22 日	1 656.8
19	《冲出地球》	2022 年 7月16日	1 005.8
20	《镜世界》	2022 年 6 月 10 日	230.9
21	《家园・重返地球之战》	2023 年 11 月 3 日	229.1
22	《超萌时空宝贝》	2023 年 4 月 29 日	7.6
23	《爸爸是仿生人》	2023 年 11 月 24 日	2.9
24	《星球人》	2023 年 1 月 20 日	1.7

2023 年，科幻电影票房冠军是《流浪地球 2》。市场表现两极分化，一些中小成本制作的影片，票房数额在百万元以下，市场影响有限。

（2）网络电影。中国网络电影在数量和质量上都有所提升。虽然网络电影的上线数量有所减少，但制作成本呈增长趋势。随着平台和观众对网络电影内容品质要求的提升，网络电影的整体制作水准和内容品质也在不断提升。

根据腾讯视频、爱奇艺和优酷三大视频平台的数据统计，共有科幻类型题材网络电影 31 部，其中，2022 年有 16 部，2023 年有 15 部（表 10-2）。

表 10-2　2022 年至 2023 年网络平台科幻影片（网络电影）

序号	片名	时间
1	《朱雀战纪》	2022 年 3 月4日

续表

序号	片名	时间
2	《外星人事件 2》	2022 年 2 月 6 日
3	《致命少女姬》	2022 年 5 月 25 日
4	《变种人：幽灵战姬》	2022 年 9 月 26 日
5	《夺命寄生》	2022 年 4 月 25 日
6	《隐形侠》	2022 年 8 月 3 日
7	《白垩纪世界》	2022 年 6 月 10 日
8	《百慕大·星球流浪者》	2022 年 10 月 27 日
9	《寄生怪》	2022 年 11 月 19 日
10	《智能表妹》	2022 年 5 月 25 日
11	《超时空房客》	2022 年 7 月 23 日
12	《废柴联盟：起源》	2022 年 5 月 18 日
13	《排山倒海》	2022 年 10 月 12 日
14	《海怪来袭》	2022 年 5 月 18 日
15	《大世界扭蛋机》	2022 年 6 月 23 日
16	《致命玩家》	2022 年 2 月 6 日
17	《全城风暴》	2023 年 4 月 6 日
18	《地心危机》	2023 年 3 月 23 日
19	《破军 X 档案：致命异变》	2023 年 3 月 26 日
20	《极寒之地》	2023 年 4 月 11 日
21	《破军 X 档案：隐身人》	2023 年 9 月 4 日
22	《超能水怪》	2023 年 5 月 15 日
23	《超能透明人》	2023 年 8 月 7 日
24	《机器人 8 号》	2023 年 9 月 11 日
25	《爸爸不是爸爸》	2023 年 6 月 1 日
26	《刺猬索尼克 2》	2023 年 2 月 20 日
27	《龙林逃生 2》	2023 年 3 月 28 日
28	《蛇之战》	2023 年 11 月 21 日
29	《章鲨》	2023 年 10 月 14 日
30	《见怪》	2023 年 7 月 24 日
31	《怒海浩劫》	2023 年 4 月 25 日

注：以上电影的发行渠道皆为线上渠道。

在以上范围内，《朱雀战纪》分账达 670.2 万，位列 2022～2023 年网络科幻电影收入首位，该片为腾讯视频发行。在上述三家视频平台中，腾讯视频在科幻题材内容的投入和引流上更有优势，这与目前国内视频平台发展趋势相对一致（表10-3）。

表 10-3　分账排名前五位的科幻作品（2022～2023 年）

序号	片名	上映日期	票房/万元
1	《朱雀战纪》	2022 年 3 月 4 日	670.2
2	《外星人事件 2》	2022 年 2 月 6 日	345.7
3	《全城风暴》	2023 年 4 月 16 日	222.6
4	《致命少女姬》	2022 年 5 月 25 日	194.5
5	《地心危机》	2023 年 3 月 23 日	157.8

这些网络科幻电影展现了各自的特色和亮点。从故事设定、视觉呈现到音效配乐等方面都具有较高的制作水平，不仅可提供紧张刺激的观影体验，还深入探讨了人类面对未来或未知挑战时的反应和应对方式，具有一定的思想深度和启示意义。这些电影在创新性混搭各种元素方面也表现出色，如《朱雀战纪》中的东方赛博朋克风格，《外星人事件 2》中对外星人形象和背景的深入探索，《全城风暴》则是表现对自然灾害的应对措施，《致命少女姬》中少女姬的神秘力量，以及《地心危机》中对地球资源开发和利用的反思。总体来说，这些网络科幻电影不仅带来了极具冲击的视觉呈现，同时还有着深刻的思想内涵，展现出人类在面对未来或未知挑战时的勇气和智慧。

（3）科幻网络剧和动画片。科幻网络剧以轻科幻类型为主，根据包括优酷、腾讯视频、爱奇艺、哔哩哔哩、芒果视频和西瓜视频等多个平台数据的统计，2022 年共有 30 部科幻类型题材网络剧上线，2023 年度出品 6 部作品（表10-4）。

表 10-4　2022～2023 年科幻题材网络影视剧

序号	片名	集数
1	《超时空大玩家》	24 集
2	《迷航昆仑墟》	36 集
3	《蕨草少女的白日梦》	24 集
4	《开端》	15 集
5	《与君相识·恰似故人归》	42 集
6	《唐朝诡事录》	36 集
7	《请君》	36 集
8	《星河长明》	24 集

续表

序号	片名	集数
9	《在你的冬夜里闪耀》	24 集
10	《一闪一闪亮星星》	24 集
11	《镜・双城》	43 集
12	《才不要和老板谈恋爱》	33 集
13	《被遗忘的时光》	34 集
14	《外星女生柴小七 2》	30 集
15	《乌云遇皎月》	24 集
16	《救了一万次的你》	24 集
17	《异物志》	36 集
18	《喵不可言》	12 集
19	《平行恋爱时差》	24 集
20	《心动不可耻 还很可爱》	12 集
21	《千金莫嚣张》	24 集
22	《仙琦小姐许愿吧》	33 集
23	《被风吹过的夏天》	24 集
24	《人鱼公主三千岁》	24 集
25	《先生，我想算一卦 第二季》	12 集
26	《闻香榭》	14 集
27	《异能星君》	12 集
28	《他跨越山海而来》	20 集
29	《来自未来的你》	24 集
30	《为你逆光而来》	16 集
31	《百慕迷踪》	28 集
32	《明日生存指南》	7 集
33	《仿生人间》	12 集
34	《三体》	30 集
35	《悬疑作者求生指南》	26 集
36	《时空螺旋》	16 集

中国科幻剧集也迎来一个新的繁荣期，一系列高质量的科幻剧集相继推出，其中包括《超时空大玩家》《迷航昆仑墟》《蕨草少女的白日梦》《开端》《他跨越山海而来》《来自未来的你》《为你逆光而来》《百慕迷踪》《明日生存指南》等。

科幻网络剧中大多是科幻元素与青春、爱情、悬疑和喜剧的结合，较少和动作、冒险、灾难等类型结合，这是因为后者需要强大的影视制作能力和工业基础。相比院线电影，强冲突形式呈现的科幻剧尚未出现。

总体来说，中国科幻剧集展现出中国影视产业在科幻领域的实力和潜力。这些剧集的高质量和多样性为观众带来丰富的观影体验，也为未来的中国科幻影视发展打下了坚实的基础。

（4）中国境内上映的科教片、特种片。科教片、特种片是已经在国家电影总局得到电影公映许可证公示的作品。科教片通常在故事片、剧情片之前加映，特种片是指在特定活动或展馆中播出的电影作品。

中国（不含港澳台）的科教片与特种片经历了显著的增长。2022 年，这类作品共计 51 部；2023 年，数量增加到 119 部，制作量显示科教片、特种片呈增长态势。

（5）中国（不含港澳台）上映的科教纪录片。科教纪录片是以一种直观而有趣的方式进行科学传播的纪录片，不仅传达科学知识，还包括科学精神、科学方法、科学思想等内容。

中央广电总台上映的科教纪录片表现尤为突出，为观众提供了大量优质的科普内容。这些纪录片在内容方面更加深入、全面，不仅介绍科学知识的基本概念和原理，还通过具体案例和实践应用，向观众展示科学在现实生活中的应用和价值。这种深入浅出的方式，使观众更容易理解和接受科学知识，有助于提高科普的效果和影响力。

（二）中国电影科学传播特点

1. 爱国主义精神凸显

科幻电影作为一种文化产品，不仅具有娱乐功能，也具有社会属性和文化意义①。近年来，在国产电影中，爱国主义与民族精神得到充分弘扬与认同。科幻电影也不例外，《流浪地球》系列电影讲述了全人类为拯救赖以生存的地球家园而共同协作，举全球之力实施带着地球逃离太阳系的宏伟计划。

① 陈玉海. 论科普的科学性与人文性[D]. 东北大学, 2012.

影片通过艺术手段把应对人类共同挑战为目的的全球价值观，把构建“人类命运共同体”这一人类社会新理念进行了中国化的表达，使该片具有独特的思想主题和精神内涵。

2. 科学传播理念转变

随着电影事业的发展与科幻电影的崛起，科幻电影在电影的科学传播中占据着越来越重要的地位。相较于传统的科教片与纪录片，科幻电影有着更大的影响力与更好的传播效果。在经典科教片中，通过电影这一大众媒介向广大观众传播科技知识，其目的为普及科学知识，提高公众的科学素养，随着媒体环境的变化，知识的传播途径越来越多，也越来越便捷[①]。科幻电影受到关注，也使电影科学传播的价值目标慢慢地由传播科学知识偏向传播科学思想、科学方法和科学精神，强调科学的思维方式和科学的精神价值。

3. 传播主体多元协同

伴随互联网技术的深度发展，以电影评价论坛、即时社交媒介为代表的沟通平台的出现，进一步促进了科学电影的观众与出品方双向互动的生态形成与发展。在这之后，电影科学传播逐渐反映出：科学传播已然由简单的单向灌输转向社会主体多元参与。在科教影片《寻秘自然》的创作过程中，作者、编剧等前期在脚本撰写、角色互动、切入角度等多方面通过网络互动的形式，汲取公众的意见及建议，最终呈现出一部自然科学科普的荧幕佳作。

4. 科学艺术深度融合

“观众不只是在看，更是通过眼睛触摸影像，在观影中完成人和物、景的交流”[②]。电影的直观呈现方式主要是视听，即在特定情景下，采用多种图像和声音的集合使观众沉浸于创作者所想表达和打造的艺术故事之中，真切地感受其所想传达的理念或思想之美。在科学电影中，这种美应是融合科学之美与艺术之美的“大美”。在现实中，中国电影科学传播也越来越注重科学与

---

① 陆晔，周睿鸣. 面向公众的科学传播：新技术时代的理念与实践原则[J]. 新闻记者，2015(5): 4-11.

② 刘依铮. 用眼睛触摸自然：科幻电影《沙丘》中的生态关注和呈现[J]. 今古文创 2023(42): 98-100.

艺术的融合。电影不再只是传播科学知识，而是通过艺术的手段把科学知识、科学精神和科学思想融入故事情节和影像表现中，让观众在欣赏电影的同时，感受到科学的魅力和价值。

5. 多平台分众化传播

在互联互通的数字经济时代，伴随互联网利用率和移动设备的普及率的日益提升，中国电影科学传播的形式也呈现出更加多元的趋势。不难看出，如今中国电影科学传播除传统荧幕电影媒介外，还包括网络电影、短视频电影等多元传播形式，也正是这些多元化的传播形式使电影科学传播更加便捷、快速和高效，能够更好地满足不同观众的需求①。例如，《科普一分钟》这部短视频系列电影，以简短的时长和生动的讲解方式，向观众传播科普知识，开拓电影科普的新格局，形成了多元电影科普的新局面。

（三）中国电影科学传播存在的问题

随着科技的发展和全球化的推进，电影作为一种重要的文化传播手段，已经成为人们日常生活中不可或缺的一部分。中国电影科学传播在近年来取得了显著的成绩，但与国际先进水平相比，仍存在一定的差距，许多问题亟待解决。

1. 产量增长质量不一

近年来，伴随中国电影市场持续拓展，为充分满足人民群众日益增长的精神文化需要，丰富科幻电影市场作品存量，科幻电影市场迎来井喷式增长。中国科幻电影产量逐年增长，票房收入屡创新高。然而，在数量的背后，却存在着质量参差不齐的问题。相当比例的科幻电影过于追求商业利益，为迎合“市场需求”而制作科幻电影，在创作过程中过度娱乐化，把科学内容简化为简单的笑料或特效，忽视艺术性和科学性。这种做法虽然能够

---

① Anna Hicks, MariaTeresa Armijos, Jenni Barclay, Jonathan Stone, Richard Robertson, Gloria Patricia Cortés, Risk communication films: Process, product and potential for improving preparedness and behaviour change, International Journal of Disaster Risk Reduction Volume 23, August 2017, Pages 138-151.

吸引一些观众，却削弱了电影的科学内涵，影响科学传播的效果。而投入较大成本，邀请明星参演的科幻新作，由于单一的故事情节和简化的特效制作，收获惨淡票房的同时，也相应降低了观众对中国科幻电影的科普期待。

2. 科学原理解释偏少

在小成本的制作中，导演、制片人等科学素养不足的这一现象尤为突出。在一些科幻电影中，会突兀生硬地引入一些前沿的科学概念，而没有对这些概念进行合理的铺垫和解释，会使观众感到难以理解；还有一些作品对科学性原理的演绎存在偏差。其原因，一方面是由于创作团队本身对科学原理也缺乏准确的理解，或者无法判断科学逻辑的准确性，影响他们对科学题材的处理①；另一方面，由于科学顾问与科学性审核的缺位，导致科学问题的演绎出现问题，无法准确地表述与传达科学原理。

3. 门类标签管理失灵

电影分类标签的管理欠缺是行业通病，科幻类电影尤其严重，很多奇幻类和神怪类电影被标为科幻电影，这实际上是对科幻电影的误解和混淆，导致科幻电影在类型和定义上的模糊。科幻电影应基于科学精神和科学原理，通过合理的科学设想和技术展望，呈现未来或未知领域的景象。然而，不少被标榜为科幻电影的奇幻类和神怪类电影，往往缺乏科学依据，更侧重于魔法、超自然力量等奇幻元素，片中的神仙、妖怪、魔法等都与现代科技关系不大。这类电影虽然可能拥有华丽的视觉效果和引人入胜的剧情，但其缺乏科学原理的支撑，只能被认为是奇幻片、神话电影，与科幻电影是不同的门类。部分影片出于商业目的乱贴“科幻”标签，会严重误导观众。

4. 专业人才缺口较大

具有高科学素养、电影制作技能和创新能力的科普人才队伍是科学电影制作的重要基础②。现阶段，中国科学电影制作质和量提升的现实需求与不

---

① Steve Cranford, Data science’s communication problem in three films, Patterns, Volume 4, Issue 1, 13 January 2023.

② 侯琦婧. 浅析科普信息化人才能力需求[J]. 科技创新导报, 2015, 12(18): 231.

合理的科学电影人才结构存在现实矛盾。该矛盾的一个突出的体现就是中国高素质科普人才的巨大缺口。科技部发布的2022年全国科普统计数据显示，2022年全国科普专职或兼职人员达199.67万人，比2021年增长9.26%。其中，科普专职人员为27.39万人。与中国科普事业发展规划相比，一方面，科普人员数量还存在较大缺口，细化到影视行业的科普人才可以忽略不计；另一方面，人才地域分布也存在较大差异。在实践中，缺乏科学素养和电影制作技能兼备的复合型人才在相当程度上制约了科学电影的发展。

（四）中国电影科学传播的发展建议

1. 加强科学性艺术性融合

加强科学性与故事性的有机融合，是中国电影科学传播发展的核心关键。科学内容的创新不仅能够为电影提供丰富的素材和独特的视角，还能激发观众的好奇心和探索欲望。为此，电影行业应该积极投入资源，加强对科学内容的研发力度。

（1）建立科学内容研发团队。聚集一批科学家、编剧和导演等专业人才，共同研究和开发有趣的科学题材。这些团队可以通过与科研机构、高校等合作，获取最新的科学研究成果和前沿技术，将其转化为具有吸引力的电影故事。

（2）提高科学内容的艺术性。科学内容往往涉及复杂的原理和概念，容易让观众感到枯燥和难懂。因此，电影制作人员需要运用生动有趣的叙事方式，把科学内容以艺术的方式呈现给观众。同时，还可以通过引入幽默元素、情节设置等方式，增加科学内容的艺术感染力，让观众在娱乐中接受科学知识的熏陶。

（3）结合新科技热点和趋势。推出更多与观众的生活息息相关的科学题材电影也是重要的创作方向。随着科技的快速发展，人们的生活方式、思维方式都在发生变化。电影制作人员应该敏锐地捕捉这些变化，将其融入电影创作中。例如，可以关注人工智能、生物技术、环境保护等热门话题，利用电影的艺术形式展现新科技对人们生活的影响，引导观众思考未来的发展方向。

2. 人工智能时代技术赋能

2022 年 11 月，随着 ChatGPT 的发布，生成式人工智能技术迎来突破式发展，在全球范围内掀起热潮，通用大语言模型和垂直模型应用探索呈暴发式推进，人工智能对各行业的影响进一步加速①。促进电影科学传播事业的进步，应在以下方面进行积极探索与尝试。

（1）生产制作层面。人工智能可以辅助电影制作人员完成电影剪辑、特效制作、音频处理等后期制作工作，提高制作效率和质量。在科普短视频中，还可以利用人工智能的文本生成技术，自动化地生成视频作品的解说词、字幕、剧情介绍等内容。

（2）管理策略层面。人工智能可以对大量的电影数据进行分析和挖掘，发现隐藏在数据中的价值。例如，通过分析票房数据、观众画像等信息，可以了解电影市场的趋势和需求，为电影制作和科学传播提供创作方向，为编剧和导演提供更多的创造性和分析性工具。

（3）产品创新层面。可以结合虚拟现实（VR）和增强现实（AR）技术，创造出身临其境的电影科普体验，让观众通过视觉、听觉和触觉等多种感官来感受电影中的科学元素。而运用最新的人工智能虚拟视频生成技术与文本生成系统，则可以在短时间内实现指定科学传播主题作品的批量定制。

3. 多元生态促进百花齐放

科学传播旨在提高公众科学素质，促进公众对科学的理解和认识，并推动科学知识的普及和传播②，其对象是全体公众，在当前强调坚定文化自信、秉持开放包容、坚持守正创新的形势下，管理部门可以通过设立基金等多种方式，在创作题材和内容方面进行政策引导和鼓励，营造百花齐放的科学传播电影生态，促进中国电影的多样性和创新性发展。

（1）制作具有中国特色的科学、科幻电影。在新中国的成立和建设过程中，大批优秀科学家凭借信念与才智，在艰苦的环境下做出令人瞩目的科学

---

① 朱永新；杨帆．ChatGPT/生成式人工智能与教育创新：机遇、挑战以及未来[J]．华东师范大学学报（教育科学版），2023, 41(7): 1-14.

② 梁琦，刘萱．科研项目嵌入面向公众科学传播活动的政策与实现路径——美国 NASA 空间科学办公室教育与科普项目案例研究[J]．中国科技论坛，2013(5): 149-154.

贡献。选取不同时期的典型事例与人物原型，进行电影创作，展现科学家的探索精神和无私奉献。大时代背景下的科学事件与顶尖科学家有着天然的故事张力，经过一段时期的“培育”，必定出现社会效应与市场效益双赢的优秀科学电影作品。

（2）制作更多与时事热点相关的科学电影。结合最新的科技创新成果和时事热点，制作相关领域的科学纪录片，在讲述中国故事的同时，展示中国科技事业的发展和成就。

（3）制作适合不同目标群体的科学电影。“烧脑硬核”的科幻电影适合对科技话题感兴趣，喜欢复杂剧情和脑力刺激的观众；软科幻电影则是把科学元素轻量化，把人文故事与科幻元素进行结合、借助科幻元素提升电影质感塑造独特风格，以适合更广泛的观众群体；讲述科学故事，弘扬科学精神的传记类科学电影也是重要部分之一。2023 年热映的美国电影《奥本海默》，以其深入人心的故事叙述和生动的角色塑造，成功地把科学家的生平、成就和精神内涵呈现在观众面前，上映不久即揽获一众奖项，作为一个成功案例，值得中国科学电影工作者借鉴学习。

4. 加强国际双向传播交流

通过开展国际合作，能够开拓视野、拓展空间，在具体实践中，能够利用国外先进的制作手段提高国产科学电影的质量，通过国际协作交流，提升中国科学电影的公众关注度及社会影响力，具体可以从以下几方面展开工作。

（1）促进中外科学、科幻电影合拍。通过中外合作拍摄科学科幻电影，充分发挥各自的优势，提高电影的制作水平和影响力。当年，中国电影《流浪地球》就是与美国好莱坞电影公司合作拍摄。在好莱坞科幻电影当中，也经常出现中国人的形象。近年来，国产科幻电影也开始注重开展国际合作[①]，这对于提升中国科幻电影的关注度与开拓海外市场具有很大的帮助。

（2）参与国际科学、科幻电影活动。提高国产科幻电影的全球关注度。通过参加国际科幻电影节，可以展示中国科幻电影的魅力，同时也可以学习

① 党江华. 从中西对比角度看国产科幻电影的成就与发展[J]. 新闻传播, 2021(7): 106-108.

并借鉴其他国家的先进经验和技术，同时可以尝试创办以科学电影为主题的国际影展赛事活动，通过系列影展赛事平台活动激发促进精品科学电影的创作。

（3）加强中外科学电影互动交流。通过举办培训班、研讨会等形式，加强中外科学电影人才的培训和交流，提高影视从业者的专业素质和创作能力。通过翻译和传播中外科学文学名作，可以为科学电影的创作提供丰富的素材和灵感①。加强国际交流与合作，促进电影中的科学传播取得更大的成效。

（何　勇、王滋淳、蒋　锐）

① 邓显超，胡铁山. 韩国电影成功走向世界的举措及其启示[J]. 延边大学学报（社会科学版), 2022, 55 (2): 13-19+145.

十一

中国展览科学传播

科学展览是一项以科学传播为主题的活动，旨在向公众展示科学魅力，普及科学知识，激发人们对科学探索的兴趣。展览通常由科技馆、博物馆、科研机构等单位或组织举办，展示内容涵盖自然科学、社会科学、工程技术等多个领域。通过科学展览，观众可以近距离地了解或接触不同科学实验及科学装置，并了解其原理和实际应用。同时，展览中还会对最新的科技成果进行展示，让观众切身感受到科技的发展与进步。

本章聚焦于探讨中国各省市区科技馆在2022～2023年的常设展览和临时展览中有关科学展览的主要内容及发展态势。科技部发布的2022年度全国科普统计数据显示，2022年全国科技馆和科学技术类博物馆有1683个，比2021年增加6个；展厅面积为622.44万平方米，比2021年增加0.19%。其中，科技馆为694个，科学技术类博物馆为989个。根据官方数据测算，2023年，中国大约每84万人拥有一个科普场馆。科技馆作为科学传播的最主要阵地，对提高公众科学素质和促进科技创新具有重要意义。

（一）中国展览科学传播概况

1. 线上线下同步发力，科学展览备受瞩目

据统计，2022年，中国博物馆（包含科技馆在内）举办线下展览3.4万场、举行教育活动近23万场，接待观众达5.78亿人次，推出线上展览近万场、教育活动4万余场，网络浏览量近10亿人次。其中，2022年，全国科技馆服务公众7200万余人次。

线上科学展览成为新冠疫情期间科技馆传播科学知识，发挥社会教育主体作用的重要形式。2022年4月初，在上海抗击新冠疫情的关键时期，上海科技馆三馆（即上海科技馆、上海自然博物馆、上海天文馆）作为当地重要的综合性科普场馆，闭馆后仍坚持科普活动线上化，推出大量云上科学展览。在此期间，通过多种媒体平台，同步配发展览相关微信推文133篇，开展直播14场，制作视频25个，奏响科普抗疫“最强音”。

随着国内新冠疫情防控政策的发展、变化，科学展览线上模式同线下模式发生融合。2023 年是各个行业的复苏之年，各省市区科技馆汲取疫情期间线上“云逛展”的经验，探索出一套线上、线下互补的科学展览模式，为科学展览的形式开创了更多可能。2023 年 4 月，中国科学院、中国科协等单位联合举办的“星宇探索之旅——中国载人航天空间科学与应用科普展”在中国科技馆短期展厅正式开幕，对于不能来到现场参观的观众，该展览的“虚拟漫游”也在中国数字科技馆同步上线。

2. 主题紧扣时代脉络，内容凸显科技创新

2022 年 8 月 16 日，科技部、中央宣传部、中国科协公布《“十四五”国家科学技术普及发展规划》，其中把“强化新时代科普工作价值引领功能”和“推动科学普及与科技创新协同发展”作为两项重要任务。2022 年 9 月 4 日，中央办公厅、国务院办公厅印发《关于新时代进一步加强科学技术普及工作的意见》，该文件中着重强调要发挥重大科技活动示范引领作用，展示国家科技创新成就。

新时代的科普工作不仅要求在科学展览中大力弘扬科学精神，还要求着力塑造时代新风，把培育和践行社会主义核心价值观贯穿科普工作的全过程，不断巩固壮大积极向上的主流思想舆论，提高全民科学文化素质和全社会文明程度。

持续推进科技创新资源科普化，要求科学展览围绕科技强国建设的重大成就、重大政策、重点发展领域开展科普宣传，提升公众对新技术、新产业、新业态的认知水平。中国各省市区科技馆在 2023 年设置的展览主题大多聚焦于前沿科技、生态环境等与“十四五”规划息息相关的主题（表 11-1）。例如，2023 年 10 月 22 日正式开放试运行的安徽省科技馆新馆开设“量子探微”展厅，通过“创见”和“感知”两个展区展示量子力学诞生、发展的过程，并讨论量子力学在生活中的广泛应用；浙江省科技馆开设双碳主题巡展“‘碳’循新生，‘绿’动未来”，通过五个别出心裁的科普单元，进一步加深公众对碳达峰与碳中和目标的理解和认识，强化公众节能降碳的理念，营造全社会共同参与的良好氛围。

表 11-1　中国部分科技馆 2022 年及 2023 年设置展览的主题①

场馆	主题
中国科学技术馆	Hz 行动——无线电主题打卡闯关特展 星宇探索之旅——中国载人航天空间科学与应用科普展 “一滴油的奇妙旅行”互动探秘科普展 音乐秘境——沉浸式音乐科技体验展
上海科技馆（含上海科技馆、上海自然博物馆、上海天文馆三馆）	上海科技馆： 稻养万年——科技+农业科普展 “大江行地”长江主题科普展 萌兽大熊猫展 “鲸奇世界”生态科普沉浸展 上海自然博物馆： “清宫兽谱”展 从城市到荒野：生物多样性主题展 “玉兔东升”兔年展 深海园林展 “苔花如米·藓为人知”苔藓科普展 上海天文馆： 生活在火星科普展 拾光寰宇科普展
重庆科技馆	“中国手工造纸的技·艺”展 众心向党 自立自强——党领导下的科学家主题展 “神奇校车”科普展 物理诺奖那些事——告诉你不知道的物质世界主题展
浙江省科技馆	“碳”循新生，“绿”动未来——双碳主题巡展 “科技与运动”主题展 “中华问天”中国载人航天工程科普展
福建省科技馆	“众心向党 自立自强——党领导下的科学家”主题展 “迷你菜园”科普展 中国流动科技馆“致敬航天精神”主题展览 “笔鉴丹心——手稿中的中国科学家精神”主题展
安徽省科技馆	“微生物画的奥秘”展览 “格物致知 叩问苍穹”航天科普主题展
江西省科技馆	“航海与造船”科普展 “具象数学”科普展 “仰望星空”科普展 “中国古代科技”主题展 “了不得的疫苗”科普展 “江小惜的时光旅行”科普展
湖南省科技馆	科创百年——建党 100 周年科技成就科普主题展 “仰望星空”天文科普主题展 “化身”马可·波罗 感受丝绸之路的智慧主题展览
四川科技馆	“海洋，一场奇妙的深海探索”主题展览 中国·波兰科幻主题插画艺术展

① 数据来源于各省市区科技馆官网，截至 2023 年 11 月。

续表

场馆	主题
内蒙古科技馆	“筑梦航天”主题展 “做一天马克·波罗：发现丝绸之路的智慧”展
宁夏科技馆	“众心向党，自立自强——党领导下的科学家”主题展 “笔鉴丹心——手稿中的中国科学家精神”主题展
新疆科技馆	《冰雪奇境——探寻冰雪奥秘》科普摄影展 “鲸奇世界”主题展 “中国古代科技”主题展 “30·60 碳达峰，碳中和”主题展

3. 多元主体携手共创，合作促进资源共享

现代科技馆主要以科学教育服务为发展根本，其举办的科学展览以往多主张内部供需调节，多由职能部门负责策展、采购、筹资等事宜。而社会化协同机制的建立助力现代科技馆在筹划科学展览的过程中逐步实现共建共享目标，即集聚社会力量协同办展，把现代科技馆体系化的运作活动渗透到企业、学校、社区，乃至个体身上，从而打造“集万家智慧促进可持续发展的格局”①。

在探讨如何构建现代科技馆体系社会化协同机制路径时，需进一步强化社会资本力量，以此夯实现代科技馆体系发展基础。通过强化社会资本力量，可以增加现代科技馆的资金来源，提高其财务稳定性，从而更好地应对各种挑战和机遇②。同时，社会资本力量的参与也可以提高现代科技馆的公信力和透明度，增强社会对其的信任和支持。社会资本力量的参与还可以促进现代科技馆与其他机构、企业、学校、社区等各方面的合作，扩大其影响力，提高其社会价值。

这种优势在中小型科技馆所举办的科学展览中体现得尤为突出。中小型科技馆通常面临着资金和人力资源的限制，通过与专业策展公司合作，可以把一些复杂的运营和管理任务外包给策展公司，从而降低科技馆的运营成本。以江阴科技馆为例，2023 年，安达创展科技股份有限公司（以下简称“安达创展”）通过竞标与江阴科技馆签订运营服务采购项目的合同，安达创

① 刘琦，王美力，莫小丹．科技馆常设展览展示内容分析及对策建议[J]．科普研究，2022, 17(3): 83-89+109-110.
② 段英．如何构建现代科技馆体系社会化协同机制？[J]．科技视界，2023(14): 5-7.

展把自主经营、自负盈亏地管理江阴科技馆，负责展览日常接待讲解、展教活动研发实施、科学课程开发授课、科普活动策划开展、临时展览、馆校合作、展品展项维修保养、软件优化更新、品牌宣传、儿童探索馆及4D影院管理和相关服务等①。

4. 展览效果更受重视，评价体系日趋完善

科学展览作为中国重要的科普形式之一，担负着对公众进行科学教育的功能。因此，展览展出之后的效果如何？是否能提升公众的科学素养？这是科学展览展现其功能与价值最直接的证据。为了客观、全面地评价展览效果，建立和完善展览效果评价体系，成为展览界的共同课题。

中国科学展览效果更受重视。2022年年初到2023年年末，一些具有代表性的科学展览不仅具有高度的科学性和知识性，同时也充分考虑了观众的需求和兴趣。首先是体现在展览的规模和水平上，在共建“一带一路”倡议提出十周年之际，2023年10月，“一带一路”科普展在武汉成功举办，这次科普展览是全国科技活动周重点活动之一，来自泰国、马来西亚、阿拉伯联合酋长国（简称“阿联酋”）、俄罗斯、意大利、西班牙、荷兰等国家的9家科学普及和传播机构的22名科普专家应邀参展，共展示了100多个展项，展览的网络直播活动吸引了超过11万人次在线观看。其次体现在展览的形式和内容方面，2022年8月，“中国科学院科技成就展”正式推出，该展为常设展览，以341个展项加以沉浸式体验科技展迎接公众参观。这些科学展览在策展前期便充分考虑观众需求，凭借丰富的展项和趣味的互动体验调动观众积极性，对于提高公众的科学素养起到了积极的推动作用，同时也为中国科学技术的发展和应用提供了良好的展示平台。

科学展览水平的提升离不开展览效果评估。按照美国国家研究委员会（NRC）在*Surrounded by Science*一书中的定义，评估是指运用“一系列方法和技术”，来判断一个项目、方法或手段的有效性或质量。按项目阶段来划分，评估主要分为前置性评估、形成中评估和总结性评估（图11-1）②。总

---

① 资料来源于“安达创展”中标公示文件。

② Fenichel M, Schweingruber H A. Surrounded by Science: Learning Science in Informal Environments[M]. Washington, DC: National Academies Press, 2010.

结性评估重点关注项目的整体效果，过往的中国科学展览的效果评估主要是通过总结性评估来体现，即在展览结束之后基于所收集的参观人数、观众反馈、媒体报道等信息进行综合评估。

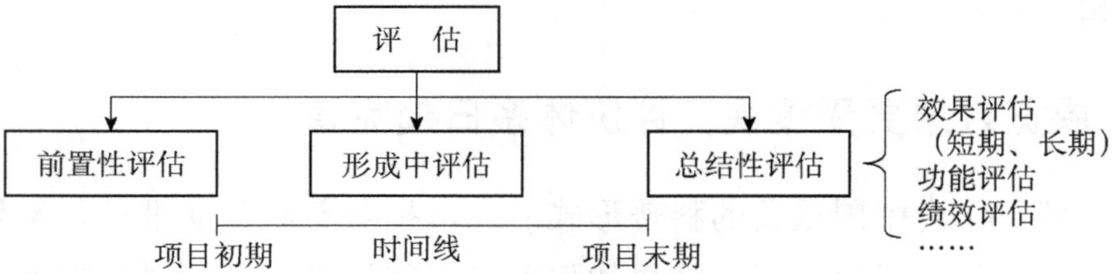

图 11-1　评估的类型

然而，总结性评估存在一些缺点，主要体现在如下方面：首先，总结性评估只关注结果，而忽视过程，不能及时发现和改进科学展览的不足；其次，总结性评估也难以评价科学展览对参观者的长期影响，如科学思想、方法和精神方面的培养；最后，总结性评估还存在一些操作上的困难，如数据收集和分析的精确度、真实性等。

针对上述总结性评估中存在的一些问题，当下的中国科学展览评估体系做出了进一步的探索和改进。一方面，借鉴国际先进的评估理念和经验，如有典型范本意义的美国国家科学基金会（NSF）提出的如何评估展览效果的框架[①]；另一方面，一些国内研究者采用跟踪观察法进行展览效果评估，这种评估方法可以在较大区域内进行，以无干扰为主要特点，对参观科技馆展览的个体或团体的行为进行系统性观察与记录，旨在通过观众在展厅中的时间分配、停留时间和相关行为间接了解展览教育效果[②]。例如，研究人员利用跟踪观察法对上海科技馆的《深海奇珍》巡展进行观众行为研究，通过技术手段详细记录停留超过 5 分钟的观众数据，并在参观结束后辅以访谈。研究人员定义了 6 个指数，即展品吸引力指数、展区吸引力指数、展品持续力指数、展区持续力指数、展场持续力指数、穿越流量指数。通过这些指标数据，对展览效果进行综合评价。中国科技类博物馆正基于世界各国现有的评估实践基础，根据各省市区科技馆的自身特点和科学展览举办过程中的实际情况，逐步探索出一套可以实行的科学展览效果评估指导框架，最终引导中

① NSF 评估框架：NSF 评估框架的指导手册中专门设有一节进行讨论，建议可以从知识（knowledge）、兴趣（engagement）、态度（attitude）、行为（behavior）和技能（skills）五个维度进行评估。

② 施娴泓. 跟踪计时法在科技馆展览评估中的应用研究[D]. 华中科技大学, 2019.

国科学展览水平的整体提升。

（二）中国展览科学传播特点

1. 主题丰富多样，涵盖不同学科

随着中国经济实力的不断增长，各级政府对科技馆建设的投入和支持也越来越大，科技馆数量和规模不断增长。有学者对全国已建成的 179 座科技馆的展览展示内容进行分析，得出结论：目前中国的科技馆主要是综合性科技馆，以科学、技术与社会等多学科领域内容为展示对象，展示内容丰富，按照学科划分明显（表 11-2）。

展示内容大致分为基础科学内容、前沿科技内容。其中，基础科学内容是指由数学、物理学、化学、天文学、生命科学、地球科学等基础学科的科学实验、设备和原理转化而来的展览展示内容。同时，在展示基础科学的展品中，以展示物理学相关原理的展品居多，其展示内容可按照物理学的分支学科进一步细分为力学、声学、光学、电磁学、机械等。在展示基础科学的同时，科技馆还注重展示前沿科技，即由信息技术、生物技术、新材料技术、先进制造技术、先进能源技术、海洋技术、航空航天技术等领域的最新科技成果转化而来的展览展示内容。

表 11-2　中国部分科技馆 2022 年及 2023 年常设科普展区①

科技馆名称	常设科普展区
安徽省科技馆（新馆）	天地探秘、数字探梦、量子探微、科创探趣、减碳之路、健康之本、童趣乐园等 9 个常设展区
河南省科技馆（新馆）	“动物家园”“童梦乐园”“创享空间”“探索发现”“宇宙天文”“交通天地”“人工智能”“智慧人类”8 大常设展区
深圳科技馆（新馆）	数码科技馆、生命科学馆、能源环保馆、地球科学馆和科技创新馆 5 个常设展区
山东省科技馆（新馆）	常设展厅按照“传承、启迪、实践”的理念，采用“多节点、小主题”布展思路，以人类科技发展进程中的 54 个重大科技事件作为核心展示节点，布设 800 余件展品展项，集中展示人类科技发展的历程和趋势
青岛科技馆（新馆）	海陆变迁、航海发展、海洋现象、蓝色生态等 6 个常设展区

① 数据来源于各省市科技馆官网，截至 2023 年 11 月。

续表

科技馆名称	常设科普展区
湖北科技馆（新馆）	科技瑰宝、数理世界、超级工程等 8 个常设展区
武汉科技馆（新馆）	“自然板块”的宇宙、生命、水展厅，“创造板块”的光、信息、交通展厅，以及数学、儿童展厅等 8 个常设展区
江西科技馆（新馆）	科学发展历程展、数字世界展、自然探索展、科技创新展、生命奇观展、江西科技名人展、科技馆建设历程展等多个常设展区

2. 利用地域资源，做强特色内容

结合当地自然资源和生态系统、历史文化、科学成就等特点成为科普展览主题发展的新趋势。当地特色科普展览不仅可以吸引更多观众，还可以使科学概念更具吸引力和现实意义；拓展地域资源投入科普展览，科普内容结合当地的优势、传统、特色，使特色科普展览成为城市的一张“名片”，也成为科技馆的金字招牌，引导科普场馆与地域文化之间可持续发展、促进良性成长。例如，青岛位于我国东海沿海地区，以其美丽的海滨和海洋文化而闻名。2023 年 9 月开馆的青岛科技馆利用这一特色，以“海洋·科学·人”为主题，展开关于海洋生态系统、海洋科学和气象科学的系列科普展览，展厅面积约为 17 000 平方米，海洋元素充满场馆的各个角落。青岛科技馆是中国首家以海洋为主题的特大型综合科技馆，成功地把当地特色与科学知识融为一体，能够为观众提供丰富而有趣的科学体验。这种结合有助于提高科学教育的吸引力、推广科学知识，无疑成为地方科普创新发展的软实力。

在科普展览的社会影响力层面，呈现了集合当地公共资源、促进科普展览配套活动开展的走向。例如，江苏省扬州科技馆不仅融入当地自然环境和民俗风情，打造特色展厅；还集合多种资源，与社区、社会团体等合作，累计招募志愿者近千名，开展多种多样的与科普展览相配的活动，志愿服务受众达百万人次；与学校合作，通过开发精品馆校合作课程、开展科普活动进校园、搭建名师工作室科普平台等合作项目[①]。扬州科技馆与扬州地方资源的融合发展初见成效，也提供了与当地资源共建共享、融合发展的科普影响力提升途径。

① 房学进. 科普资源与地方文化的融合——以扬州科技馆为例[J]. 科技风, 2023(28): 163-165.

3. 侧重体验导向，互动设计剧增

《现代科技馆体系发展“十四五”规划（2021—2025年）》中提出，要深化科普资源供给侧改革，坚持需求导向，着眼于满足公众对高质量科普的需求。在此背景下，科普展览逐渐开发出多种多样的体验形式以满足不同人群的需求。随着科普资源供给侧改革的推进，科普展览越发注重观众的主体性和参与感，通过多元化的感觉、认知、情感、应变、体验技艺等方式，使参观者能够与展览内容进行深入互动和交流（表11-3）。

表11-3 科普展览的展品设计形式与类型

展品名称	设计形式	主要设计类型
特色安全文化	采用裸眼3D技术展示	新科技手段体验型设计
事故致因理论	墙面采用阵列式半包围灯箱，地面采用流水灯带和艺术雕塑，营造半包围式沉浸氛围	感觉器官反馈型设计
安全标志	采用阵列式手动翻转广告牌展示	感觉器官反馈型设计
个体防护体	采用防护工具和多媒体灯光互动展示	感觉器官反馈型设计
安全帽撞击体验	采用观众佩戴安全帽体验钢球撞击方式展示	情景任务驱动型设计
高处坠落体验	采用观众佩戴安全带体验由高处自由下落方式展示	情景任务驱动型设计
厨房安全隐患排查	采用实景厨房多媒体结合灶具虚拟火焰进行机电传感互动方式展示	情景任务驱动型设计
火灾灭火	采用具有机电传感功能灭火器和投影画面互动方式展示	情景任务驱动型设计
建筑失火逃生	采用搭建实体房屋场景营造氛围，添加灯光、烟雾和生效方式展示	情景任务驱动型设计
安全驾驶模拟	采用真实汽车外加六自由度平台仿真驾驶方式展示	情景任务驱动型设计
急救课堂	采用医疗教学假人模型配合大屏幕教学演示方式展示	情景任务驱动型设计
触电体验	采用可触摸带电电极和多媒体解说形式演示	感觉器官反馈型设计
模拟高压放电	采用大屏幕进行增强现实（AR）互动方式演示	新科技手段体验型设计
临时用电隐患排查	采用多媒体和实物模型进行关卡式排查体验的方式展示	情景任务驱动型设计
受限空间作业体验	采用搭建储油罐罐体模型和阀门机电互动方式演示	情景任务驱动型设计
脚手架作业体验	采用搭建脚手架模型和多媒体错误排查方式展示	情景任务驱动型设计

续表

展品名称	设计形式	主要设计类型
吊装作业风险识别	采用搭建吊车实物作业场景配以传感检测方式展示	情景任务驱动型设计
高危作业虚拟现实体验	采用虚拟现实（VR）一体机穿戴互动方式展示	新科技手段体验型设计

4. 发挥科技力量，丰富科普形式

新兴技术在多个方面支持科普展览，为线下、线上观众提供更富吸引力和交互性的科学体验，也为科普展览的展馆建设、智慧管理、效果分析带来新的可能。

科普展览需要不断创新，引入新兴技术让更多创新设想得以实现，也有利于保持观众的新鲜感和兴趣。广东科学中心在常设科普展览中大量运用 3D 打印、大数据分析、云计算等 100 多项先进展示技术，从展示造型、用材、规模、体验的方式都进行了创新，着力营造浓厚的科学氛围，提升展示效果，增强观众的学习兴趣①。例如，在广东科学中心新能源汽车科普体验馆的“新能源汽车模拟驾驶”展项中，通过计算机多媒体系统、可编程逻辑控制器控制系统、多媒体影音系统、六自由度平台系统、展品控制系统的集成，开发了一种新能源汽车模拟驾驶展示装置，让观众体验模拟驾驶经过港珠澳大桥的过程中，通过实际操控固定在承台上的纯电动汽车，配合投影仪投影出的使用场景与六自由度平台的实际路况模拟，直接感受和体验驾驶新能源汽车的乐趣，并了解电动汽车的起步快性能、加速快性能、动力电池能量管理和智能充电管理等特点②。

近年来，在云计算、大数据、元宇宙、人工智能等互联网技术的发展和支持下，“线上科技馆”得到迅猛发展，中国各地“线上科技馆”的建设都在如火如荼地进行中，在科学教育、科普宣传和形式创新方面，都发挥着十分重要的功能。例如，全景线上展览：采用 360°全景拍摄制作的方式，把线下展览还原到线上。观众在手机网络上点击即可漫游展览，如上海科技馆“稻养万年”展览的线上展，上海天文馆“生活在火星”展览的线上展；有在虚

① 萧文斌；罗静婷. 科技馆文化与科技融合的探索与思考[J]. 广东科技, 2023, 32(3): 77-80.
② 张娜. 缺席、在场与超越：科技馆科普展示的感官化叙事研究[J]. 东南文化, 2023(4): 157-163.

拟世界中重构三维空间脱离线下实体空间的线上展览，如上海科技馆“日月魅影”展览；还有从叙事出发的二维线上展览，如上海自然博物馆推出的“守护城市中的自然”展览，把最新相关科研成果、科普实践等内容娓娓道来。在科普展览中，数字化技术能够让展品展项的信息及相关科学内容以数字的形式更加清晰明了地展现在观众眼前，观众能够更加直观、具体、全面地了解展品展项传达的科学内容与价值，对充分发挥科普展览非正式教育属性具有重要作用。

（三）中国展览科学传播存在的问题

1. 供给侧改革仍需推进

自 1793 年第一所科技馆（法国国立自然博物馆）建成开放以来，科技馆历经了自然历史博物馆、科学工业博物馆、科学与技术中心的三代更迭，目前已迈入第四代科技馆——未来馆阶段。这种代际的演进与社会发展和公众需求的变化紧密相关。

很多科技馆在设计科学教育活动时，未收集外界意见、建议、反馈而自行开展科学教育，也未与民众进行有效互动，未了解民众对此的需求，从而使很多民众参与感不高[①]。一些常设科普展览可能长期没有更新或缺乏新颖性，这可能导致观众失去兴趣。这都需要策展人注重不同年龄、文化背景和能力的观众的体验感，不断创新和更新展示内容。

2. 网络竞争力有待加强

在传统科普展览中较少借助新闻媒体宣传，而随着新媒体行业的兴起，科普展览在线上营销方面也采取了一些创新手段，但与商业展览相比仍相差甚远。商业展览的营销手段更为全面，更强调精准营销、数据分析和全球性宣传。商业展览的资金投入和市场竞争压力也可能使其更倾向于采用更复杂、更高效的新媒体营销手段。如何让科普展览信息呈现在网络、如何在碎片化的信息海洋中“被看见”，这也对传统的展览方式提出了挑战。

---

① 黄冬瑞，刘念. 提升科技馆科普教育实效的路径探讨[J]. 科技风, 2023(27): 35-37.

3. 形式与内容难以平衡

科普展览的形式对于传达信息至关重要，尤其是在当今信息爆炸的时代，人们的注意力成为稀缺资源。几十年来，大多数科技馆展览往往注重科学性而忽视人文性。一些科普展览可能在传达科学知识时面临挑战，因为它们可能过于复杂或不够亲和，难以为观众提供清晰和易懂的信息。

科普展览的形式有时可能占据了内容的主导地位，这意味着展览更注重吸引观众的方式和外观，而不是提供深刻的科学内容。例如，一些科普展览侧重于引人注目的视觉和听觉效果，如高清晰度视频、3D 投影、光线效果和音效等。这些效果可能引起观众的兴趣，但在某些情况下，它们可能仅仅是视觉和听觉的享受；还有部分科普展览可能过于强调观众的互动体验，以至于展览变得过于碎片化，观众只是完成一系列简单的互动任务，而没有时间深入探讨复杂的科学概念。这可能导致形式上的互动超过科学内容的深度。

科普展览成功的关键在于平衡形式和内容，以创造深刻而吸引人的科学体验。当形式或内容成为唯一的焦点时，科普展览可能会失去其本质，即无法达成教育和科学传播的效果。因此，展览设计师需要确保形式和内容之间的平衡，以提供有益的科学传播方式和方法。

4. 科普资源分布差异大

科研和教育资源在不同地区之间存在不均衡，一些大城市和科研中心拥有丰富的科研和教育资源，因此更容易建立与科普相关的展览和活动，而农村地区和偏远地带可能面临科研和教育资源匮乏的问题，不少科普展览本身的科普力量单薄、展示能力不足、侧重传播科技、过度依靠讲解员讲解配合图文资料来进行科学教育，存在创新形式不足的情况。传统的科普展览形式已经被人们所熟知，无法有效激发人们的求知热情，不能促使观众结合自身科学实践探索系列科学知识，而从内到外地了解科学、传播科学精神。

中国的区域经济发展差距影响了科普资源的配置。发达地区更有能力投资建设和维护高质量的科普展览和博物馆，而贫困地区可能缺乏这种资源。有学者对省级地级科技馆展开研究，在 364 个研究对象中，开通微信公众号的有 174 个（占 47.8%，表 11-4）。除海南省科技馆外，省级科技馆全部开通了微信公众号，开通率达 96.8%；地级科技馆开通率最高的华东地区为

68.4%，最低的西北地区为 19.6%，前者为后者的 3.5 倍。总体而言，微信公众号在拥有更多资源和较强运营能力的省级科技馆中较为普及，在地级科技馆中则存在较大差异，造成这一现状的直接原因是各地实体科技馆建设更新进程不同，根本原因则与地区经济发展水平相关。

表 11-4　科技馆微信公众号开通情况

科技馆类型		开通数量	总体数量	开通率（%）
省级科技馆		30	31	96.8
地级科技馆	华北地区	17	34	50.0
	东北地区	19	36	52.8
	华东地区	52	76	68.4
	华中地区	20	44	45.5
	华南地区	13	39	33.3
	西南地区	13	53	24.5
	西北地区	10	51	19.6
合计		174	364	47.8

（四）中国展览科学传播发展建议

1. 科学艺术深度融合，丰富科普展览维度

加强科普交流合作是推动科学技术普及的重要途径。科普活动的内容策划主体并非仅指从事科学活动的科学家和科普工作者。实际上，为了更好地推广科学知识，吸引更广泛的公众参与，需要各行业的优秀人才参与到科普活动的策划中来，尤其是艺术家，他们的参与可以为科普活动带来新的视角和创新的表现形式。

通过把科技与艺术结合，科学展览才能变得更加生动有趣。首先，科技与艺术融合为观众带来了创新性体验，这种创新性体验可以激发观众的好奇心和探索欲望；其次，科技与艺术的结合为科学展览提供了更多元化的形式，通过艺术手段把科技内容进行创意呈现，使科学知识更加形象化、可视化；最后，优秀的科艺融合作品可以引发观众的情感共鸣，这种共鸣又会使观众在观展的过程中更加投入。2023 年 11 月，在中国科技馆开展的“音乐秘境——沉浸式

音乐科技体验展”，通过10余个沉浸式空间，以及46件互动展品和艺术装置，让观众深入了解音乐背后的科学知识，探索音乐对人的心理及大脑的影响，引导观众在全方位、多感官的体验中感受音乐艺术与科技的融合之美[①]。

2. 优化分配关键资源，均衡科普展览质量

经济发展水平不同是可能导致展览资源分配不均的主要原因之一，这体现在展览水平东西部区域发展不平衡和城乡发展失衡两大方面。具体来说，在政策导向上，不同地区政府在展览行业上的资金支持、税收优惠、人才引进等存在较大差异。此外，东部地区通常拥有更多的展览专业人才和更广泛的市场需求，这有助于吸引更多的展览资源和提高展览质量。

有关政府部门可以通过政策引导来改善资源分配不均的情况。如对原创科学展览制定相应的补贴措施，鼓励优秀的策展人才向西部地区流动和进行跨区域合作，通过培训、研修等方式加强西部地区策展人才同东部地区的交流，汲取可供借鉴的科学办展经验；其次，建立展览资源共享平台，推进优质展览跨地区馆际间流动，如中国科协为推动全国科普公共服务公平普惠、解决基层科普设施短缺问题、促进基层公众科学素质提升而打造的科学传播公益品牌项目——科普大篷车，在2022年共配发科普大篷车16辆，配发主题资源更新25套；上海科技馆的原创展览《鲸奇世界》先后在上海科技馆、西藏自然科学博物馆、新疆科技馆等地巡展。这些举措在降本增效的同时，于一定程度上改善了科普展览资源分配不均的现状。

3. 主动适应新兴媒体，创新科普展览宣传

中国互联网络信息中心（CNNIC）在京发布第52次《中国互联网络发展状况统计报告》报告显示，截至2023年6月，中国网民规模达10.79亿人，较2022年12月增长1109万人，互联网普及率达76.4%。该报告显示，中国数字基础设施建设进一步加快，资源应用不断丰富。即时通信、网络视频、短视频用户规模分别达10.47亿、10.44亿和10.26亿人次，用户使用率分别为97.1%、96.8%和95.2%。在移动互联网时代，用户的心理和行为与过

① 数据来源于中国科技馆官网。

去相比发生了很大变化，越来越依赖在网络社区平台中形成对产品的认知。小红书作为最具代表性的社交媒体平台之一，已然成为用户有效获取产品和品牌信息的途径。在小红书数据平台“新红-红书数据榜单”2023 年的笔记数据库中搜索“展览”可查看相关笔记 10 万条（图 11-2），而搜索“科普展览”仅得到相关笔记 542 条（图 11-3）。

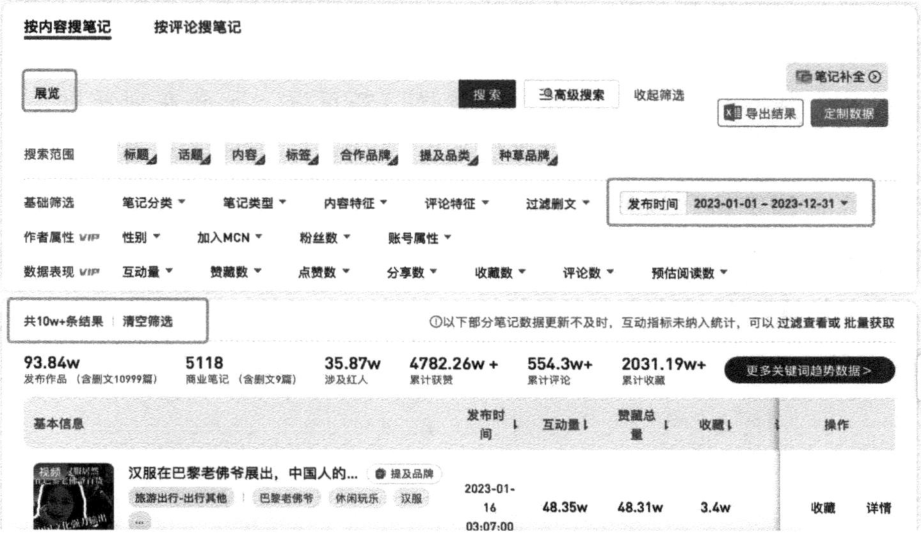

图 11-2 在小红书数据平台“新红-红书数据榜单”2023 年数据中搜索“展览”可查看相关笔记 10 万余条

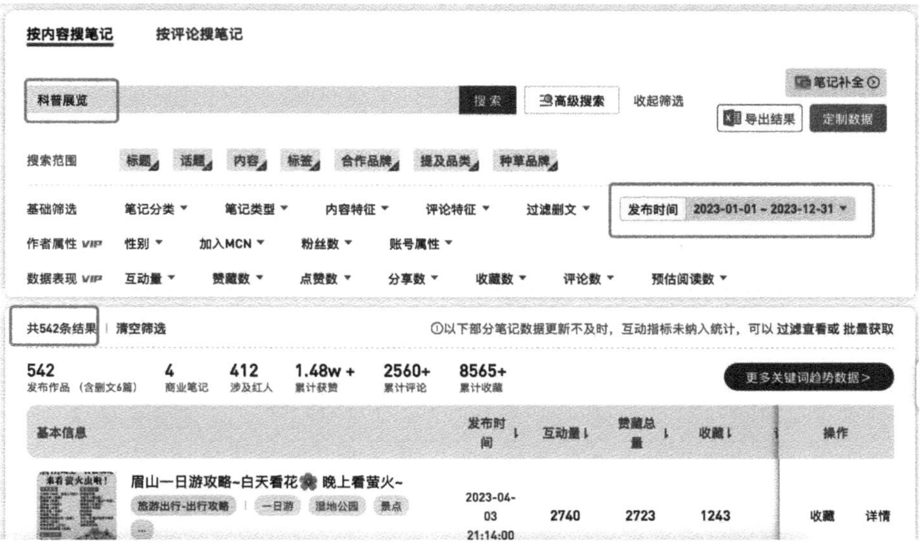

图 11-3 在小红书数据平台“新红-红书数据榜单”2023 年数据中搜索“科普展览”得到相关笔记 542 条

科普展览宣传工作的目的是让受众更好地了解展览的内容，更好地吸引观众前往展览现场进行参观和学习。因此，新时代的科普展览策划团队必须要适应新媒体时代的发展。首先，要在思想上对新媒体有足够的重视，把新媒体宣传手段放到重要的位置；其次，需要加大相关的投入，包括安排专门的工作人员，安排固定比例的宣传经费等；再次，在运用新媒体进行宣传的过程中，要及时总结在宣传工作中的经验及存在的不足，不断总结并研究制定以满足观众需求为导向的科普展览营销优化策略，更好地指导日后的工作开展；最后，新媒体最大的特点之一就是日新月异，因此在科普展览的宣传工作中，需要及时地了解当前新媒体的发展动态，并且根据最新的形势，制定更有效的宣传策略，这样才能在不断发展的信息时代保持足够的竞争力，从而在更大范围内推动科普事业走出具有中国特色的道路，更有效地推动全民族科学文化素质的提高。

（梁　琰、焦雨辰、刘　超）

十二

中国科普活动科学传播

科普活动是指在一定的背景下，利用专门的普及载体和灵活多样的宣传、教育、服务形式，面向公众，组织开展的弘扬科学精神、普及科学知识、传播科学思想、倡导科学方法的社会化科学传播活动。科普活动是中国科学传播最主要和常见的方式，具有内容丰富、形式多样，适宜各类人群，参与人数众多，老少皆宜，收效良好等特点，在科学传播中发挥了十分重要的作用。中国政府高度重视科普工作，党和国家领导人多次出席重大科普活动，有关部门和地方加大组织开展科普活动的力度，为公众提供丰富多样的科普活动供给，营造热爱科学、崇尚科学的社会氛围。

（一）中国科普活动科学传播概况

中国的科普活动，主要包括群众性科技活动、专业性科普活动、竞技性科普活动、研学性科普活动、交流性科普活动等。不同类型的活动，各有其特点和适用人群，为弘扬科学精神、普及科学知识等营造了有利于科技创新的社会氛围。

1. 重大群众性科技活动

（1）2022 年全国文化科技卫生“三下乡”活动。2022 年 1 月，中央宣传部会同中央精神文明建设办公室（简称“中央文明办”）等部门对 2022 年文化科技卫生“三下乡”活动开展进行安排部署，要求坚持从农村实际和农民需要出发，深化拓展“三下乡”活动内容和形式，各地各有关部门要把“三下乡”活动纳入实施乡村振兴战略的总体部署，更好地满足农民群众日益增长的美好生活需要，以优异成绩迎接党的二十大胜利召开。中央、国务院有关部门牵头在不同省区举办集中示范活动，送文化、科技、卫生下乡进村入户。

（2）2022 年全国科技活动周活动。科技部、中央宣传部、中国科协等部门组织的 2022 年全国科技活动周，于当年 5 月 21～28 日在全国各地举办，活动以“走进科技 你我同行”为主题，通过重点展示重大科技创新成果，深入开展科技为民服务系列活动，充分激发全社会的创新、创造热情，一批丰富多彩、各具特色的群众性科技活动在全国多地举办，重点展示科技战疫、科技冬奥、第二次青藏科考等科技创新成果。

（3）2022 年全国科普日活动。中国科协、中央宣传部、中共中央网络安全和信息化委员会办公室（简称“中央网信办”）、教育部、科技部等部门联合举办 2022 年全国科普日活动，于当年 9 月 15～21 日在全国各地举办。活动以“喜迎二十大，科普向未来”为主题，全国科普日北京主场活动由中国科技馆区活动和北京科学中心区活动组成。

（4）2023 年全国科技活动周活动。科技部、中央宣传部、中国科协等部门举办的 2023 年全国科技活动周以“热爱科学 崇尚科学”为主题，于当年 5 月 20～31 日在全国各地举办，中共中央政治局常委、国务院副总理丁薛祥出席启动式。中共中央政治局委员、北京市委书记尹力，中共中央政治局委员、中央宣传部部长李书磊出席活动。丁薛祥前往展区参观，认真听取情况介绍，察看人工智能、集成电路、生物医药、核电装备等领域创新成果，了解有关大科学装置运行情况，询问自主创新成果产业化应用情况，与科技工作者互动交流。

（5）2023 年全国文化科技卫生“三下乡”集中示范活动。中央宣传部、中央文明办和青海省委、青海省人民政府于当年 8 月 15 日在青海省海北藏族自治州刚察县联合举办 2023 年文化科技卫生“三下乡”集中示范活动，活动提供了政策宣讲、技术咨询、医疗义诊等各类服务，文艺工作者为群众表演了精彩纷呈的文艺节目。根据 2023 年文化科技卫生“三下乡”活动安排，国家发展和改革委员会（简称“国家发展改革委”）、教育部、科技部、司法部、农业农村部、文化和旅游部、国家卫生健康委员会（简称“国家卫生健康委”）、广电总局、共青团中央、中华全国妇女联合会（简称“全国妇联”）、中国文学艺术界联合会（简称“中国文联”）、中国科协等部门在有关省（区、市）牵头开展集中示范活动。

（6）2023 年全国科普日活动。2023 年全国科普日活动于当年 9 月 17～23 日在全国各地集中开展，主题为“提升全民科学素质，助力科技自立自强”。中共中央政治局常委、中央书记处书记蔡奇同志在 9 月 18 日参加全国科普日主场活动。蔡奇参观了“领航掌舵铸辉煌”“自信自立强国梦”“科学技术惠民生”展区，了解科普事业发展成效，察看深空探测、载人航天、石油化工、乡村振兴等专题展项，与科技工作者亲切交流。中共中央政治局委员、中央宣传部部长李书磊参加活动。

2. 重大专业性科普活动

（1）2022 年“中国航天日”活动。4 月 24 日，2022 年“中国航天日”活动在线上举行，主题是“航天点亮梦想”，活动由工业和信息化部、国家航天局和海南省人民政府共同主办。启动仪式以“梦”为主线，分为“启梦·星辰大海”“逐梦·砥砺奋进”“圆梦·见证荣耀”“织梦·相约未来”等板块，虚拟与现实相结合，充满正能量、艺术感和科普性。期间，全国各地围绕“航天点亮梦想”主题，举办多场系列活动。

（2）中国科学院第十八届公众科学日活动。2022 年 5 月 21～22 日，中国科学院第十八届公众科学日拉开帷幕，主题为“爱科学，向未来”，中国科学院百余个研究所举办丰富多彩的活动，与公众一起探索宇宙自然、发现数理奇趣、启发科学思维、沐浴科学文化、走向科学人生。物理所等科研机构精心“烹饪”的“大型实验秀”“怀柔游园会”“某科学的魔术学院”“实验室巡礼”“流言终结者”“院士大讲堂”“科学真下饭”等丰盛“科普大餐”，通过网络直播形式与近百万公众线上共享。

（3）2023 年“中国航天日”活动。4 月 24 日，以“格物致知 叩问苍穹”为主题的 2023 年“中国航天日”主场活动在安徽省合肥市举办，活动由工业和信息化部、国家航天局、安徽省人民政府共同主办。国家航天局、中国科学院联合发布中国首次火星探测火星全球影像图，公布了“嫦娥五号”任务月球样品联合研究科学成果。中国人民解放军航天员大队特级航天员陈冬、中国科学院院士王赤等当选 2023 年中国航天公益形象大使。

（4）中国科学院第十九届公众科学日活动。2023 年 5 月 13～14 日，中国科学院第十九届公众科学日活动在全国百余个院属单位同步举办，近百处天文台站、植物园、博物馆、野外台站、重点实验室和重大科技基础设施也如约向社会开放，带领公众一起“遇见科学、预见未来”。火星上的声音与地球上相比有哪些不同、最新一代龙芯有什么特点、机器人技术怎样改变世界、人类祖先的祖先从哪里来……这些令人好奇的问题，通过丰富多彩的专家学术报告和展品现场演示，公众都能“遇见科学”找到答案。

还有世界水日、气象日、地球日、环境日、粮食日等众多专业性科普活动相继举办，为公众提供了丰富的科普活动内容，满足了不同公众的科普需求。

3. 重大竞技性科技活动

（1）第 36 届全国青少年科技创新大赛。2022 年 8 月 17 日，中国科协等单位主办的第 36 届全国青少年科技创新大赛线上展示交流活动在京启动，全国 31 个省（区、市）及新疆生产建设兵团的 520 项青少年科技创新成果作品和 285 项科技辅导员科技教育成果作品入围全国活动。

（2）第四届全国科学实验展演汇演。科技部、中国科学院主办，中国科学技术大学承办的全国科学实验展演汇演活动于 2022 年 8 月 25 日至 9 月 1 日在线举办，来自全国的 124 支队伍为公众呈现了一场极具创意、妙趣横生的科学实验秀。绍兴科技馆等 10 支参赛队伍荣获一等奖。

（3）第九届全国科普讲解大赛。2022 年 12 月 21 日，第九届全国科普讲解大赛在广州落下帷幕。来自全国 76 个代表队的 249 名选手通过网络视频连线的方式，在“云端”决赛，跨时空展示科学与技术的魅力。全国科普讲解大赛由科技部主办，主题为“走进科技 你我同行”。交通运输部代表队白响恩等 10 名选手脱颖而出，赢得大赛一等奖，被授予“全国十佳科普使者”称号。

（4）第五届全国科学实验展演汇演。2022 年 12 月 27 日，由科技部、中国科学院主办的第五届全国科学实验展演汇演活动在线举行。全国 45 家单位推荐的 127 支代表队参赛，中国科学院理化技术研究所等 10 支代表队荣获一等奖。

（5）第 37 届全国青少年科技创新大赛。由中国科协等单位主办，以“创新 责任 诚信 合作”为主题的第 37 届全国青少年科技创新大赛于 2023 年 8 月 29 日在湖北武汉落幕。全国 31 个省（区、市）、新疆生产建设兵团和港澳台地区的近 800 名青少年和科技辅导员，以及来自 13 个国家的 50 余名国际代表参赛，442 项青少年科技创新成果竞赛作品和 202 项科技辅导员科技教育创新成果入围终评。

（6）第十届全国科普讲解大赛。2023 年 11 月 10 日，第十届全国科普讲解大赛在广州落下帷幕。大赛以“热爱科学，崇尚科学”为主题，来自全国各地 80 支代表队的 265 名选手同台竞技。经激烈角逐，云南代表队刘菲等 10 名选手脱颖而出，荣获大赛一等奖，被授予“全国十佳科普使者”称号。

参赛选手讲解内容涵盖科技、文化、农业、健康、生态、教育等各领域，既关注科技前沿，又贴近民生热点。全国科普讲解大赛由科技部主办，广州市科技局、广东科学中心和广东广播电视台承办。

（7）第六届全国科学实验展演汇演。2023 年 11 月 17 日，科技部、中国科学院主办，中国科学技术大学承办的“热爱科学 崇尚科学”全国科学实验展演汇演在中国科学技术大学落下帷幕。来自全国 54 家单位推荐的 160 支代表队进行现场比赛，为公众呈现一场绝佳的科学盛宴。上海飞机制造有限公司等 10 支代表队荣获一等奖。

不同部门、协会学会、地方等举办多种形式的竞技性科普活动，激发了公众对科技的兴趣。

4. 研学旅行性科普活动

《中国研学旅行发展报告》数据显示，2022 年研学旅行突破 600 万人次，达到历史新高。

（1）2022 年青少年高校科学营。中国科协、教育部共同主办的 2022 年青少年高校科学营全国开营式暨开营第一课活动于当年 7 月 20 日在北京化工大学举办。北京大学、清华大学等北京营的 15 个分营代表和北京化工大学师生代表参加现场活动，面向全国青少年和社会公众直播，约 400 万人次在线观看。中国工程院院士、北京化工大学校长谭天伟出席活动。

（2）2023 年青少年高校科学营。中国科协、教育部共同主办的 2023 年青少年高校科学营全国开营式暨“全国中学生同上一堂暑期科学课”于当年 7 月 21 日在中国农业大学举办。活动组织 1 万余名海峡两岸及港澳青少年以线上、线下相结合的方式走进 72 家重点高校、科研院所、企业的全国分营，参加为期一周的科技与文化交流活动。

许多部门、协会学会、学校举办各具特色、形式多样的研学活动，吸引了大批学生参与。

5. 港澳交流性科普活动

（1）2022 澳门科技周暨创科成果展。在科技部支持下，由澳门科学技术发展基金主办的“2022 澳门科技周暨创科成果展”于 2022 年 10 月 20～23 日在澳门举办。中国科学技术交流中心等组织了9项14件来自内地的展品亮相。“澳门科技周暨创科成果展”是澳门一年一度的大型公益性优秀科技创新产品展览活动。

（2）香港“创科博览2022”活动。2022年12月12日，由团结香港基金主办的香港“创科博览2022”在香港会议展览中心开幕，主题为“科技引领未来”，集中展出由科技部组织的47项国家级创科展品，全方位向香港市民展示国家在“十三五”期间取得的创科成就，以及香港回归以来的科研成果。全国政协副主席梁振英等出席开幕礼。展品涵盖航天、陆地、深海、智能与生物科技五个领域。展品中，2022年北京冬奥会、冬残奥会火炬实物，中国第一辆火星车“祝融号”一比一复原模型等展品均为首次在港亮相。该活动还从近年来香港科研成果中评选出25项具有代表性的产品和项目，组成“香港特别行政区成立25周年科研成果”展。

（3）2023澳门科技周暨创科成果展。由科技部支持、澳门科学技术发展基金主办的“2023科技周暨创科成果展”于2023年10月19～22日在澳门举办，期间举办多项配套活动，组织澳门26项科研成果及25家科技企业，与内地的创新主体进行约320场会面洽谈。“2022年度科研项目结题展暨学术报告会”，向公众展示获科技基金资助的科研项目结题成果，帮助科研人员加深了解澳门前沿科研实力。

（4）2023“科学与中国”院士专家巡讲团走进香港。中国科学院联合中央人民政府驻香港特别行政区联络办公室举办2023“科学与中国”院士专家巡讲团走进“香港科创大讲堂”活动，11月21～24日走进包括培侨中学在内的香港35所中小学作科普报告，活动聚焦香港科创教育发展，邀请杨玉良、武向平、周忠和、翟明国、翟婉明、种康、赵国春、封东来等8位院士走进香港中小学校，开展科普报告及座谈交流，让香港青少年了解祖国的科技发展，感受老一辈科学家的爱国情怀和责任担当，激发香港青少年对科学的好奇心和热情。

（5）中国载人航天工程代表团访问香港、澳门。中国载人航天工程代表团应邀赴香港、澳门进行为期6天（2023年11月28日至12月3日）的访问。由“神舟十二号”乘组航天员刘伯明、“神舟十三号”乘组航天员王亚平、“神舟十四号”乘组指令长陈冬、“神舟十五号”乘组航天员张陆等17位航天专家组成的代表团，在港澳开展形式多样的交流活动，在港澳同胞间点燃探问宇宙的热情，激荡出爱国壮志的情怀力量。

（二）中国科普活动科学传播特点

中国科学传播在2022～2023年取得显著的进步，这得益于政府、科研机构、媒体和企业的共同努力，也得益于公众的热情参与。

1. 政府部门高度重视

中央办公厅、国务院办公厅出台《关于新时代进一步加强科普工作的意见》，加大对科普工作的指导与支持，国务院出台《全民科学素质行动规划纲要（2021—2035）》，科技部、中央宣传部、中国科协印发《“十四五”国家科学技术普及发展规划》，一系列相关政策和规划出台，旨在加强中国科普能力建设，推动科普工作的高质量开展，提高公众的科学文化素养，为建设世界科技强国，实现中华民族伟大复兴提供基础性支撑。

2. 科研机构积极参与

中国科研机构在科学传播中发挥着越来越重要的作用。这些机构通过开放实验室、举办科普讲座、组织科普活动、创作科普作品、发布科普报告等方式，向公众传播科研成果和前沿科技知识。特别是在开放实验室方面，中国科学院和许多部门、地方科研机构加大对实验室的开放力度，让公众有机会亲身体验科研过程，了解科研工作的内容和流程，激发青少年科学兴趣和好奇心。

3. 科学内容不断创新

随着公众科技意识的提高和科普需求的增长，科普内容也在不断创新和变化。传统的科普内容以科学知识普及为主，但现在的科普内容更加注重科学精神的传播、科学方法的推广和科学思维的训练。例如，一些科普公众号通过讲述科学家故事、介绍科研项目等方式，让公众了解科学的价值和意义；一些科普节目则通过实验演示、科学解析等方式，让公众亲身体验科学的魅力。

科学传播的专业化程度不断提高。一方面，越来越多的专业人士加入到科学传播领域，他们具有丰富的科学知识和实践经验，能够为公众提供高质量的科普内容；另一方面，参与科学传播的机构也在不断增多，特别是学校、科研机构、科技型企业的参与，其开展的特色科普活动、出版专业科普读物，推动科学传播的普及化和常态化。例如，位于合肥市高新区的一批量子科技企业，开展了大量量子科普活动，深受公众欢迎。

4. 科学文化融合促进

科学传播与教育的融合程度不断加深。一方面，科学教育已经成为学校教育的重要内容之一，通过开展科学实验、组织科普讲座等方式，培养学生的科学素养和创新精神；另一方面，科学传播也已经成为终身教育的重要形式之一，中小学生通过参加研学活动、走近植物园、公园等，参观科研设施、大学、科技企业等方式，拓展了视野，激发了对科学的兴趣。

科学与人文的融合程度不断加深。一方面，科学研究越来越注重人文关怀和社会责任；另一方面，人文研究也越来越注重科学的严谨性和实证性。这种科学与人文的融合趋势在科学传播中得到体现，科普活动内容不再仅是介绍科学知识和技术，而是更加注重传播科学精神和人文价值观念。科学咖啡馆、科学文化沙龙等的出现，使科学文化在新的背景下，开始融会贯通，营造有利于创新的科学文化氛围。

5. 国际交流日趋活跃

随着中国科技实力的增强和国际交流的增多，中国科普活动的国际化程度也在不断提高。中国科学家和科普工作者开始在国际科普舞台上发挥重要作用，参与国际科普合作和交流的项目也越来越多。同时，中国的科普作品、展览也开始走向世界，为全球范围内的科学传播作出贡献。中国内地与香港、澳门开展多种形式的科学传播合作，举办特色科普活动，展示科技创新成果，内地与港澳学生互相考察、交流，成为内地与港澳地区交流合作的亮点。

（三）中国科普活动存在的问题

中国面向公众的群众性科普活动已经常态化开展，取得显著成效。然而，也应看到中国科普活动仍存在一些问题和面临新的挑战。例如，科普资源的质量和数量还需要进一步提高，科普活动的覆盖面和影响力还需要进一步扩大。同时，科学活动还需要更好地与公众需求精准匹配，提高科普活动的针对性和实效性等。

1. 社会认知度较低

社会认知度不高是导致科普活动深度和广度不足的一个重要原因。由于历史和文化等原因，中国社会对科学的认知度和重视程度相对较低。这导致公众对科学的兴趣和需求不高，同时也影响了政府和相关部门对于科普活动的投入和支持力度。尽管中国科普活动已经取得了一定的进展，但总体来说，科普活动的深度和广度仍然不足。一方面，公众对于一些重要科学问题的了解仍停留在表面层次，缺乏深入的了解和认识；另一方面，科普活动的覆盖面还不够广泛，尤其是在一些偏远地区和农村地区，科普活动的力度和覆盖面相对较弱。科普活动的经费投入不足也是制约中国科学传播发展的一个重要因素。

2. 传播质量差异大

科普活动水平参差不齐是一个较为突出的问题。社会对科学教育的认知还停留在课堂学习上，科学教育的内容和方法过于单一、科普活动缺少活动场所，农村、边远地区缺少基本的科普器材，科普活动缺乏实践性和创新性等。这些问题导致学生对科普活动的兴趣和热情不高，同时也影响了他们对于科学的认知和理解能力。一方面，一些科普活动内容过于简单或过于复杂，不符合公众的实际需求；另一方面，一些科普活动内容缺乏严谨性和科学性，容易误导公众。此外，一些科普活动也存在如内容缺乏新意、单向传输知识多，互动参与体验少等问题。

3. 资金支持度不足

政策支持不足也是导致科普活动相对较少的一个重要原因。虽然政府对于科普事业的投入不断增加，但相对于其他领域来说，科普事业的投入总量较低，与科普事业发展的需求仍然存在较大的差距。此外，相关科普活动政策的制定和实施也存在一定的问题，如缺乏针对性和实效性等。这些问题导致社会力量对于科普活动的投入不足，同时也影响了有关机构组织开展科普活动的积极性。

4. 国际合作渠道少

这是中国科普活动普遍存在的一个问题。虽然中国的科普作品已经开始走向世界，中国也在一些国家举办一些科普展览、交流活动，但总体来说，中国与国际科普界的交流和合作仍然存在明显不足，举办科普活动较为单一，国际科普交流偏少，主要以展览、考察为主。国际性及双边、多边科普活动较少，这不仅限制了中国科普活动的创新与发展，也影响了中国在国际上的科学形象和地位。

（四）中国科普活动科学传播发展建议

科学传播是指以科学为对象、运用各种媒体和手段进行的一种社会科学文化活动。随着科技的迅速发展和人民生活水平的提高，科普活动在中国的社会生活中越来越受到重视。科普活动旨在提高广大公众的科学素养，通过组织群众性科技活动，增强公众对科技的理解和运用能力，对社会的进步和发展具有重要意义。近年来，中国政府在群众性科普活动方面的投入力度不断加大，科普活动的形式和内容也不断丰富和拓展，成为公众日常生活中的一项重要内容，带孩子参加科普活动成为父母节假日的一个期待。今后的科普活动，应该与时俱进，朝着以下方面努力。

1. 多元化和个性化

未来中国科普活动将更加注重多元化和个性化的发展。针对不同年龄段、不同职业及不同地区的公众科学需求，科普活动应提供更加多样化内容、个性化特点的选择。例如，针对儿童和青少年的科普活动，将会更加注重趣味性和互动性；针对成年人的科普活动，将会更加注重实用性和深入性；针对农村和偏远地区的科普活动，将会更加注重普及性和应用性。针对少数民族地区的科普，要结合少数民族特点，组织流动科技馆巡展活动，突出实验展示和互动参与内容。

2. 数字化和智能化

随着互联网技术的发展，数字化和智能化将成为科普活动的重要趋势。未来的科普活动将更加注重线上和线下的融合，利用互联网、大数据、人工智能等技术手段，提高科普活动的效率和影响力。例如，通过开发科普活动APP、科学游戏、科普微视频等数字化产品，可以让公众更加便捷地获取科学知识；通过利用人工智能技术，可以提供智能化的科普服务，满足公众的个性化需求。

3. 产业化和市场化

未来的科普活动将更加注重社会化和市场化的发展。一方面，政府将加大对科普活动的投入力度，推动科普活动的普及化和常态化；另一方面，市场也将发挥重要作用，提供更多的科普活动产品和服务。例如，科技馆应该增加付费体验、互动参与活动项目，满足不同参观者需求，企业可以开展科技体验活动、科技展览、科技竞赛等市场化科普活动，开放智能科普产品，借助智能设备，营造沉浸式场景等。社会团体可以组织科学讲座、科学实践等社会化科普活动。

4. 群众化与社会化

政府应继续加大对科普活动的支持力度，通过制定相关政策和规划，推动科普活动广泛深入开展。同时，政府还应加大对科普活动的资金投入力度，提高科普活动的质量和水平。对于投资或资助群众性科普活动的企业或个人，建议予以免税。此外，政府还应加强对科普活动的监管和管理，确保科普活动健康有序开展。通过引导和鼓励社会各界力量参与科普活动，满足公众的普遍需求，提供多种科普活动，创新和充实科普活动内容，形成政府、企业、社会团体等多方参与的格局。同时还应积极引入市场机制，推动科普的市场化运作，鼓励企业和个人建立科普活动场馆、开发科普活动新方式，提高科普活动的竞争力和活力。

5. 专业化与优质化

加强专业化科普活动人才队伍建设是重要基础。一方面，应加大对科普活动人才的培养和引进力度，建立一支高素质、专业化的科普活动队伍；另一方面，还应加强对科普志愿者的培训和支持力度，通过开展培训讲座经验交流等活动，提高志愿者的专业素养和服务能力，促进中国群众性科普活动持续健康发展。

提高科普活动资源的质量和数量，实现科普资源优质化是群众性科普活动持续健康发展的关键。一方面，应加大对优质科普资源的开发，提高科普资源科技含量；另一方面，还应加强对科普资源的整合和共享，提高科普资源的利用效率。此外，还应积极推动科普资源的国际化交流与合作，引进国外先进的科普理念和优质资源、科普产品，丰富和提升中国的科普活动内容。

（彭明琼、邱成利）

十三

中国科学传播政策

科学传播政策是中国科学传播指导与促进体系的重要组成部分，对中国科学传播方向和水平发挥着重要的引领和规范作用。

（一）中国科学传播政策概况

本章沿用《中国科学传播报告（2022）》的政策分析工具，把 2022 年 1 月至 2023 年 12 月出台的科学传播政策分为环境型、供给型、需求型三类。

环境型政策工具指政府通过税收优惠、法规管制、财务金融等工具进行政策调控，为科学传播发展提供良好的政策软硬环境和发展空间，可细分为目标规划、金融支持、法规管制、税收优惠等几个主要方面。

供给型政策工具指政府通过对设施、信息、资金和服务等支持扩大供给面，改善科学传播相关要素的供给状况，推动科学传播可持续发展，可分为资金投入、基础设施建设、公共服务等几个主要方面。

需求型政策工具指政府通过对科学传播的扶持，降低外部因素对科学传播与普及的不良影响；通过科普产业发展等的促进和带动，夯实科学传播建设的阵地，可分为政府采购、服务外包、贸易管制等几个主要方面。

1. 环境型科学传播政策

2022 年 3 月 30 日，全国科普工作联席会议在北京召开。科技部党组书记、部长王志刚主持会议，中央宣传部、中央组织部、中央网信办、中央保密办、中国科协、军委科技委及国务院相关部门、相关人民团体等共 41 个部门代表参会。会议审议了《全国科普工作联席会议制度》《“十四五”国家科学技术普及发展规划》，通报了全国人民代表大会常务委员会（简称“全国人大常委会”）关于《中华人民共和国科学技术普及法》执法检查工作安排。

2022 年 8 月 4 日，科技部、中央宣传部、中国科协正式公布《“十四五”国家科学技术普及发展规划》（国科发才〔2022〕212 号）。规划提出：为深入贯彻落实习近平总书记关于科普工作的重要指示精神，落实党中央、国务院有关决策部署，推进新时代科普事业发展，依据《中华人民共和国科学技术普及法》等编制《“十四五”国家科学技术普及发展规划》，明确“十四五”时期国家科学技术普及发展的指导思想、主要目标、重要任务和保障措施。要求以习近平新时代中国特色社会主义思想为指导，坚持把科学普及放在与科技创新同等重要的位置。面对新形势、新任务、新要求，“十四五”期间规划拟重点实施：强化新时代科普工作价值引领功能，加强国家科普能力建设，推动科普工作全面发展，推动科学普及与科技创新协同发展，抓好公民科学素质提升工作，开展科普交流与合作。

2022 年 9 月 4 日，中央办公厅、国务院办公厅印发了《关于新时代进一步加强科学技术普及工作的意见》，提出：为构建政府引导、社会参与、信息化支撑、市场化运行的大科普工作格局，应持续完善科普法律法规体系，强化科普工作统筹协调，不断强化关键部门的主体责任，调动广大科技工作者和公民的积极性。

2022 年 10 月 16 日，习近平总书记在中国共产党第二十次全国代表大会上作《高举中国特色社会主义伟大旗帜 为全面建设社会主义现代化国家而团结奋斗》的报告，强调为提高全社会文明程度，应加强国家科普能力建设，深化全民阅读活动。

2023 年 2 月 21 日，习近平总书记在主持召开中共中央政治局第三次集体学习时强调，要加强国家科普能力建设，深入实施全民科学素质提升行动，线上线下多渠道传播科学知识、展示科技成就，树立热爱科学、崇尚科学的社会风尚。习近平总书记强调，各级领导干部要学习科技知识、发扬科学精神，主动靠前为科技工作者排忧解难、松绑减负、加油鼓劲，把党中央关于科技创新的一系列战略部署落到实处。

2023 年 3 月 5 日，国务院总理李克强在第十四届全国人民代表大会第一次会议上作《政府工作报告》时强调，为丰富人民群众精神文化生活，应加强国家科普能力建设。

2. 供给型科学传播政策

2022 年 3 月 3 日，国务院办公厅印发《“十四五”中医药发展规划》（国办发〔2022〕5 号），提出要加强中医药文化研究和传播。具体举措包括，实施中医药文化传播行动，推动建设体验场馆，培育传播平台，丰富中医药文化产品和服务供给；推动中医药文化贯穿国民教育始终，进一步丰富中医药文化教育；加强中医药科普专家队伍建设，推动中医医疗机构开展健康讲座等科普活动；建设中医药健康文化知识角；开展公民中医药健康文化素养水平监测。

2022 年 3 月 20 日，中央办公厅、国务院办公厅印发《关于加强科技伦理治理的意见》，提出开展科技活动应当遵循增进人类福祉、尊重生命权利、坚持公平公正的价值理念，遵守合理控制风险、保持公开透明的行为规范，彰显了中国的科技伦理立场。该意见要求着力解决中国科技伦理治理体制机制不健全、制度不完善、领域发展不均衡等问题，补齐科技伦理治理的短板；从科技伦理治理体制、制度、监管、教育培训等方面，系统提出加强科技伦理治理的重大举措。

2022 年 4 月 28 日，国务院印发《气象高质量发展纲要（2022—2035 年）》（国发〔2022〕11 号），为提高全社会气象灾害防御应对能力，需加强科普宣传教育和气象文化基地建设。

2022 年 6 月 13 日，中央办公厅、国务院办公厅印发《关于构建优质均衡的基本公共教育服务体系的意见》，强调要逐步提高义务教育经费保障水平，加强劳动实践、校外活动、研学实践、科普教育基地和家庭教育指导服务中心、家长学校、服务站点建设，健全学校、家庭、社会协同的新型育人机制。

2022 年 7 月 25 日，国家卫生健康委等 17 部委印发《关于进一步完善和落实积极生育支持措施的指导意见》（国卫人口发〔2022〕26 号），提出为提高家庭婴幼儿照护能力，应建立完善健康科普专家库和资源库，通过广播、电视、报刊、网络、新媒体等多种渠道，普及科学育儿知识与技能。

2023 年 8 月 30 日，为规范和加强科技馆免费开放补助资金管理，提高资金使用效益，财政部、中国科协印发《科技馆免费开放补助资金管理办法》。

2023 年 9 月 22 日，财政部、税务总局发布《关于延续实施宣传文化增值税优惠政策的公告》（财政部 税务总局公告 2023 年第 60 号），为促进我国宣传文化事业发展，现将实施宣传文化增值税优惠政策延续至 2027 年 12 月 31 日前，执行下列增值税先征后退政策。①包括对相关出版物在出版环节执行增值税 100%先征后退的政策；②对相关出版物在出版环节执行增值税 50%先征后退的政策；③对相关印刷、制作业务执行增值税 100%先征后退的政策；④免征图书批发、零售环节增值税；⑤对科普单位的门票收入，以及县级及以上党政部门和科协开展科普活动的门票收入免征增值税。

2023 年 10 月 30 日，国家卫生健康委等 13 部门印发《健康中国行动——癌症防治行动实施方案（2023—2030）》，提出要建设权威的科普信息传播平台，深入组织开展全国肿瘤防治宣传周等活动，普及防癌健康科普知识。

3. 需求型科学传播政策

2022 年 2 月 7 日，国家卫生健康委等 16 部委印发《“十四五”健康老龄化规划》（国卫老龄发〔2022〕4 号），提出要拓展老年健康教育内容，加强对老年健康政策、服务和产品的科普宣传，开发科普视频，建设开放共享的数字化国家级老年健康教育科普资源库；积极开展中医健康体检、健康评估、健康干预及药膳食疗科普等活动；推广太极拳、八段锦、五禽戏等中医传统运动项目，培养树立健康科学的生活方式和理念。

2022 年 5 月 17 日，农业农村部办公厅、中国科协办公厅印发《关于开展 2022 年科普服务高素质农民培育行动的通知》（农办科〔2022〕18 号），提出通过农民科学素质培训、农民科普活动平台建设等方式，进一步加强科普工作服务高素质农民培育的广度和深度，加快提升农民科技文化素质，全面服务乡村人才振兴。

为推动新时代科普工作的规范化建设与发展，国家与省（区、市）方面均有关于科学传播设施与科普创作的文件出台。在国家层面，2022 年 7 月 22 日，中国科协办公厅公布了《〈重要学术会议指南（2022）〉收录会议名单》，共收录 121 家全国学会（学会联合体）推荐的 754 个会议，以推动学术会议质量提升，优化学术生态。

2023 年 7 月 25 日，中国科协、教育部联合印发《“科学家（精神）进校园行动”实施方案》，从科学家精神宣讲教育、“科学家故事众创空间”、科学家故事阅读推广、科学家精神资源共建共享等方面构建开放协同工作模式，把科学家精神从抽象符号转化为生动的科学家故事，引导广大中小学生走近科学家，了解科学家精神，增强科学探索的好奇心。

（二）中国科学传播政策的特点与重点

1. 布局出台不同领域科学传播政策

2022～2023 年，针对科普工作的不同面向，国务院和国家不同主管部门聚焦各自需要政策促进的专业领域，出台了一系列科学传播政策。

（1）能源领域。2022 年 1 月 24 日，《国务院关于印发“十四五”节能减排综合工作方案的通知》（国发〔2021〕33 号）正式发布，指出要通过多种传播渠道和方式广泛宣传节能减排法规、标准和知识，深入开展绿色生活创建行动，增强全民节约意识，倡导简约适度、绿色低碳、文明健康的生活方式。

为深入贯彻落实党中央、国务院关于碳达峰、碳中和的重大决策部署，科技部会同国家发展改革委、工业和信息化部等 9 部门组织编制了《科技支撑碳达峰碳中和实施方案（2022—2030 年）》，该文件统筹提出支撑 2030 年前实现碳达峰目标的科技创新行动和保障举措，涵盖了 10 项具体行动，其中包括低碳、零碳技术示范行动，旨在形成一批可复制、可推广的先进技术引领的节能减碳技术综合解决方案，并开展一批典型低碳技术应用示范，促进低碳技术成果转移、转化。

2022 年 6 月 10 日，生态环境部等 7 部委印发《减污降碳协同增效实施方案》（环综合〔2022〕42 号），提出应加强宣传教育，把绿色低碳发展纳入国民教育体系；加强干部队伍能力建设，组织开展减污降碳协同增效业务培训，提升相关部门、地方政府、企业管理人员能力水平；加强宣传引导，选树减污降碳先进典型，发挥榜样示范和价值引领作用，利用全国环境日、全国低碳日、全国节能宣传周等广泛开展宣传教育活动；开展生态环境保护和应对气候变化科普活动；加大信息公开力度，完善公众监督和举报反馈机制，提高环境决策公众参与水平。

（2）自然资源领域。2022 年 9 月 9 日，国务院办公厅印发《关于推进国家公园建设若干财政政策的意见》（国办函〔2022〕93 号），强调要支持保护科研和科普宣教，加强野外观测站点建设，建设完善必要的自然教育基地及科普宣教和生态体验设施，开展自然教育活动和生态体验，通过多种途径培育国家公园文化。

2022 年 11 月 29 日，自然资源部办公厅、科技部办公厅《自然资源科学技术普及“十四五”工作方案》（自然资办发〔2022〕50 号）公开发布，该方案提出，在“十四五”期间通过丰富自然资源科普活动、加强自然资源科普基地建设、打造自然资源优质科普作品、加强自然资源科普信息化建设、推进自然资源科技资源科普化、培育自然资源科普人才队伍，以及提升自然资源科普社会服务效能，推进新时代自然资源科普工作高质量发展，大力宣传习近平生态文明思想。

（3）科学基金资助管理领域。为全面加强科学基金科普工作，2023 年 9 月 15 日，国家自然科学基金委员会发布《国家自然科学基金委员会关于新时代加强科学普及工作的意见》，强调科学基金科普工作要“以让基础研究走进社会、让社会理解基础研究为主题，以科学基金资助创新项目资源科普化为主线”，提出加强项目支持、打造“科学基金科普在行动”品牌、构建科普宣传矩阵等加强科学基金科普能力建设的若干政策引导型举措。此外，国家卫健委、国家气象局、国家乡村振兴局也分别就健康、灾害性天气、乡村振兴等方面出台了专门性的工作方案。

2. 落地实施科普服务助力乡村振兴

2022 年 1 月 4 日，中共中央、国务院印发《关于做好 2022 年全面推进乡村振兴重点工作的意见》，提出持续推进农村一二三产业融合发展，把符合要求的乡村休闲旅游项目纳入科普基地和中小学学农劳动实践基地范围。

2022 年 5 月 31 日，农业农村部办公厅、中国科协办公厅《关于开展 2022 年科普服务高素质农民培育行动的通知》（农办科〔2022〕18 号）正式发布，提出五项重点任务，即加强高素质农民科学素质培训，促进科普服务高素质农民培育，引导科普设施服务高素质农民，搭建高素质农民科普活动平台，推动高素质农民开展科普服务。

2022 年 7 月 5 日，民政部等 16 部委印发《关于健全完善村级综合服务功能的意见》（民发〔2022〕56 号），提出为提高文化、体育和教育服务水平，应加强科普宣传教育服务，提高农民科学文化素养。

2022 年 8 月 4 日，中国科协、国家乡村振兴局《关于实施“科技助力乡村振兴行动”的意见》发布，提出团结动员广大科技工作者大力开展“科技助力乡村振兴行动”，服务巩固拓展脱贫攻坚成果和乡村发展、乡村建设、乡村治理，为全面实现农业农村现代化作出新的更大贡献。

3. 完善基层科普人才组织规范建设

2022 年 4 月 27 日，国务院办公厅印发《“十四五”国民健康规划》（国办发〔2022〕11 号），提出要加强健康促进与教育；完善国家健康科普专家库和资源库，构建全媒体健康科普知识发布和传播机制，鼓励医疗机构和医务人员开展健康促进与健康教育；深入开展健康知识宣传普及，提升居民健康素养；推动爱国卫生运动与传染病、慢性病防控等紧密结合，通过爱国卫生月等活动，加大科普力度，倡导文明健康、绿色环保的生活方式；开发老年健康教育科普教材，开展老年人健康素养促进项目，做好老年健康教育。

2023 年 4 月 28 日，中国科协办公厅印发《“科学家故事舞台剧推广行动”实施方案》，要求科学家故事舞台剧中所有涉及的重要历史事件和科技内容应尊重史实，所有针对人物的评价内容应客观公正，艺术加工要符合社会主义核心价值观。

2022 年 10 月 7 日，中央办公厅、国务院办公厅印发《关于加强新时代高技能人才队伍建设的意见》，指出要加强高级工以上的高技能人才队伍建设，对巩固和发展工人阶级先进性，增强国家核心竞争力和科技创新能力，缓解就业结构性矛盾，推动高质量发展具有重要意义；并提出支持各地结合产业发展需求实际，把急需紧缺技能人才纳入人才引进目录，引导技能人才向欠发达地区、基层一线流动。

4. 健全全媒体全民健康传播新机制

在《基本医疗卫生与健康促进法》《“健康中国 2030”规划纲要》与《国民经济和社会发展第十四个五年规划和 2035 年远景目标纲要》指引下，为进一步明确健康科普知识发布、传播与监管的主体和职责，规范健康科普知识发布和传播机制，2022 年 5 月 31 日，国家卫生健康委等 9 部门印发《关于建立健全全媒体健康科普知识发布和传播机制的指导意见》。该政策强调，推动健康科普知识质量提升，着力于增加优质健康科普知识供给，落实健康科普知识发布和传播主体责任，并围绕健全健康科普知识发布与传播监管提出要求。

（三）中国科学传播政策存在的问题

1. 科学传播政策体系的协同性不足

前述研究已经揭示了中国科普相关政策出台的特点，即科普或科技相关的上位文件颁布后，地方政府和相关部门通常会快速转发文件或制定执行文件的具体细则。2022～2023年，国家和各部委较为密集地出台了一系列促进科普工作的文件，其中部分政策发挥了良好的带动效应，多项出台的政策采用多部门联合发文的形式，对于推动科普工作的联合协作方面起到积极作用，但政策之间的协同性仍有待提高，如2022～2023年出台的科学传播政策中，通常是对未来的目标有明确的刻画，但往往缺乏对某一项具体任务或工作责任主体的明晰，也缺乏对某一具体目标在实操层面多部门联合实施的考量，在中央办公厅、国务院办公厅的政策出台后，仍然较少有部委积极推进相关政策的衔接与落地，导致一些特别可圈可点的上位政策未能在执行层面完全落实①。

2. 缺乏科学传播政策效果评价机制

要确保科学传播政策能够真正达到预期的效果，一个完善的监督评价机制必不可少。通过完善监督评价机制，可以及时发现科学传播与科普政策实施中的问题，为科学传播与科普政策的调整和优化提供有力依据，从而提高政策的实际效果。

当前，中国正处于科技创新和科普事业协同发展的重要时期，科学传播与科普政策需要不断适应新形势、新任务的需要。中国的科学传播与科普工作的公益属性尤为明显，随着公众科学素养与社会认知水平的提高，科学传播与科普政策的执行效果也越来越受到关注。现阶段，中国的科学传播与科普政策大多属于倡导型和促进型，在政策的监测评估机制和实践方面，目前仍处于摸索阶段。此外，由于科学传播与科普政策的实施效果与政策责任主体之间的关联并不紧密，往往导致相应的奖励和问责机制未能得到有效落实，进而影响科学传播与科普政策的执行效果。

3. 公众在政策制定中存在明显缺位

中国的科学传播与科普政策通常由针对科普工作或与科普工作相关的法律法规、行政规章、政府规划及国家领导人相关指示来表达②，有利于科学

① 王丽慧，王唯滢，尚甲等. 我国科普政策的演进分析：从科学知识普及到科学素质提升[J]. 科普研究，2023，18(1)：78-86+109.

② 任福君. 新中国科普政策70年[J]. 科普研究, 2019, 14(5): 5-14.

传播与科普政策贯彻实施，是科普活动的有力保障，但这一政策制定过程也存在相应的设计缺陷，即较少或难以考量到一般公众的意见及社会的普遍态度，这有可能是因为政策制定过程中的反馈机制不足。例如，政策制定者未能及时收集和处理公众的反馈，或公众未能通过有效的参与渠道表达自己的意见和建议，导致在一定程度上存在政策与公众需求脱节的社会实践风险。

（四）中国科学传播政策展望

1. 强化科学传播政策体系的协同性

当前，中国的科普工作已经从几乎政府独立担纲的传统模式向“党的领导、政府推动、全民参与、社会协同、开放合作”的新建设模式转变，科学传播与科普政策的制定与出台应符合新时代科普工作的特征。为加强科学传播与科普政策的协同性与统筹性，应从以下方面进行考虑。一是，强化政策衔接和整合，在制定科普政策时，要充分考虑与其他相关政策的衔接和整合。确保各项政策在目标、措施和资源分配等方面相互协调，形成合力。二是，加强政策宣传和解读，通过各种渠道和方式，加强对科普政策的宣传和解读，提高包括政府部门在内的社会各界对政策的认识和理解。三是，推进科学传播与科普政策的执行力度，国家级政策文件应明确相应任务与目标的责任单位，各部委积极跟进，出台相应的文件以指导工作、促进目标落地。

2. 加强科学传播政策实施监测评价

完善科学传播与科普政策效果的监督评价机制，有助于及时发现政策实施中的问题，为政策调整和优化提供有力支持，推动科普事业持续健康发展。在制定科学传播与科普政策的同时，应着手构建并持续完善政策效果评估体系，确保有明确的评估细则。以便从公众需求、执行过程、政策效益及影响等多个维度深入了解公众的态度，并实时监控政策的实施效果。除对政策本身进行评估外，对于各类科普活动和科普场馆、科学传播研究与教育，也应制定相应的绩效指标来进行评估，并将其作为未来政策修订和资助决策的重要依据。同时，还可以借鉴英国、美国等国的有益实践经验，开发适用于中国科普活动的评估工具，并建立评估数据库，对各项科普活动进行效果评估。在此基础上，积极推广效果显著的监督评价方法，以促进中国科普事业的持续快速发展[①]。

3. 优化完善科学传播政策制定过程

随着“公众参与科学”趋势在中国的快速发展，社会各层面对科学传播与科普政策制定的参与意愿显著加强，政策制定应充分考虑向双向沟通的交流模式转型。许多国家在科普政策制定过程中都鼓励公民参与，并将其视为提高政策质量和公民可接受性的有效手段。

中国在科学传播与科普政策制定的过程中，一方面，应当设计相应的公众参与程序，如采用听证会、社会调查等单一或组合形式吸纳社会的有效、广泛意见，以及时发现科普政策制定过程中可能存在的问题和漏洞，提高科普政策的针对性和民主性，使其更加符合社会实际和公众利益。另一方面，鼓励广大社会团体、公民积极参与科学传播与科普政策制定的决策过程，充分有效地表达意见，从而塑造与培养公民自身的社会责任感，通过把公民纳入到政策制定过程，使其更为深入地了解国家和全社会科普事业的重要性，从而更加积极地支持和参与到科普事业的发展中去。

（汤书昆、郑　斌、陈登航）

① 赵玉龙, 鞠思婷, 郭进京, 等. 发达国家科学传播政策分析以及对我国的启示[J]. 科普研究, 2022, 17(3): 72-82+ 104+109.

十四

中国科学传播理论研究

科学传播是科学的精神、思想、方法、知识在社会中的扩散和大众化过程。尽管除了科学传播以外，还存在科技传播、科学普及、科普等侧重点稍有差异的概念，但是在大多数语境下，这些概念可以视作科学传播的同义词，它们共同构建了一个旨在提升公众科学素养、促进社会对科学的正面认识和参与的生态系统。党的十八大以来，中国科学传播事业在“一体两翼”这一重大判断和指示的精神下蓬勃发展，《关于进一步减轻义务教育阶段学生作业负担和校外培训负担的意见》（以下简称“双减”政策）和《关于新时代进一步加强科学技术普及工作的意见》等政策的发布，以及《中华人民共和国科学普及法》（简称《科普法》）的修订，无不彰显着科学传播的重要地位，同时也为科学传播事业提供了政策支持和法律保障，促进中国科学传播事业的健康持续发展。

2023 年 7 月 20 日，习近平总书记在给“科学与中国”院士专家代表回信中强调，科学普及是实现创新发展的重要基础性工作。值得欣慰的是，2022～2023 年中国科学传播理论研究持续产出丰硕成果。在国际上，以中国科学技术大学、苏州大学及中国科学院大学为代表的研究团队已成长为一支不容小觑的研究力量；在国内，科学传播理论研究多点开花，形成后疫情时代的健康传播研究、新媒体环境下的科学传播理论建构与实践活动的创新、基于《科普法》修订及“双减”政策实施的科学传播前沿探索等研究领域。本文以 2022～2023 年的中国科学传播理论研究文献作为研究对象，对涌现出的研究热点进行解读与总结，以期展现中国科学传播理论研究概况，为进一步推进中国科学传播事业的发展提供动力。

（一）中国科学传播理论研究概况

2022～2023 年，国内外科学传播领域发表的研究文献超过 6000 篇，体量较大，需要借助系统而直观的分析方法来呈现其整体发展态势。考虑到在国内发表的研究文献大多从当下中国科学传播事业所面临的紧迫问题出发，相较于国外文献具有更强的理论指导意义，本文将从中国知网数据平台收集相关数据，并采用文献计量学和科学可视化的方法对数据展开分析。

在数据收集的过程中，一方面，要尽可能地收集与科学传播相关的文献；另一方面还要尽量保证收集到的文献具有较高的专业性和影响力。鉴于文献数量和质量的均衡考虑，本文把文献来源类别选取为“北大核心”、“中文社会科学引文索引（CSSCI）”和“中国科学引文数据库（CSCD）”三类。由于在上述来源中，专注于科学传播理论研究的期刊仅有中国科普研究所主办的《科普研究》一家，因此在收集文献时还加入了中国自然科学博物馆学会、中国科学技术出版社有限公司和中国科技馆主办的《自然科学博物馆研究》、上海科技馆主办的《科学教育与博物馆》及中国科技新闻学会主办的《科技传播》三个代表性期刊，同时也加入了中国科学技术大学主办的旨在反映科学传播与科学教育前沿理论与探索实践的《科学传播与科学教育》这一学术辑刊。考虑到长期以来，科学传播在国内多以科学普及、科技传播等在功能和实质层面相类似的概念表达，并结合相关同义表达、经典理论和模型，以尽可能全面地包含科学传播相关的研究文献，本研究中在中国知网“专业检索”栏目中采用的检索式为 SU=（'科普'+'科学普及'+'科技传播'+'科学传播'+'科学教育'+'科学素养'+'科学素质'+'公众科学'+'公众理解科学'+'缺失模型'+'语境模型'）。检索后获得 1484 条文献记录，通过人工筛选的方式剔除 423 条无效记录，最终选取 1061 条文献记录，所有文献记录的检索时间为 2024 年 3 月。

在这些文献中，当多个术语被列为同一篇文献的关键词时，它们之间就具有共现关系并建立连接，得到的关键词网络即共词分析网络。网络中每个关键词成为一个节点，其连接以边的形式呈现，每个节点的大小与其共现频次成正比，因而可以标示该节点在网络中的重要性。本文借助文本挖掘和可视化分析软件 VosViewer 进行关键词共现分析①，清晰地呈现过去一年中国科学传播理论研究的热点及各个热点间的相互关系。在 VosViewer 中，本文把相近关键词形成的聚类概括为一个主题；连线的粗细代表关键词之间的关联程度，连线越粗代表关联程度越大。通过调整多个参数，最终得到如图 14-1 示意的 2022～2023 年中国科学传播理论研究关键词共词网络。

① Vaneck N J, Waltman L. Text mining and visualization using VOSviewer[J]. arXiv preprint arXiv: 1109.2058, 2011.

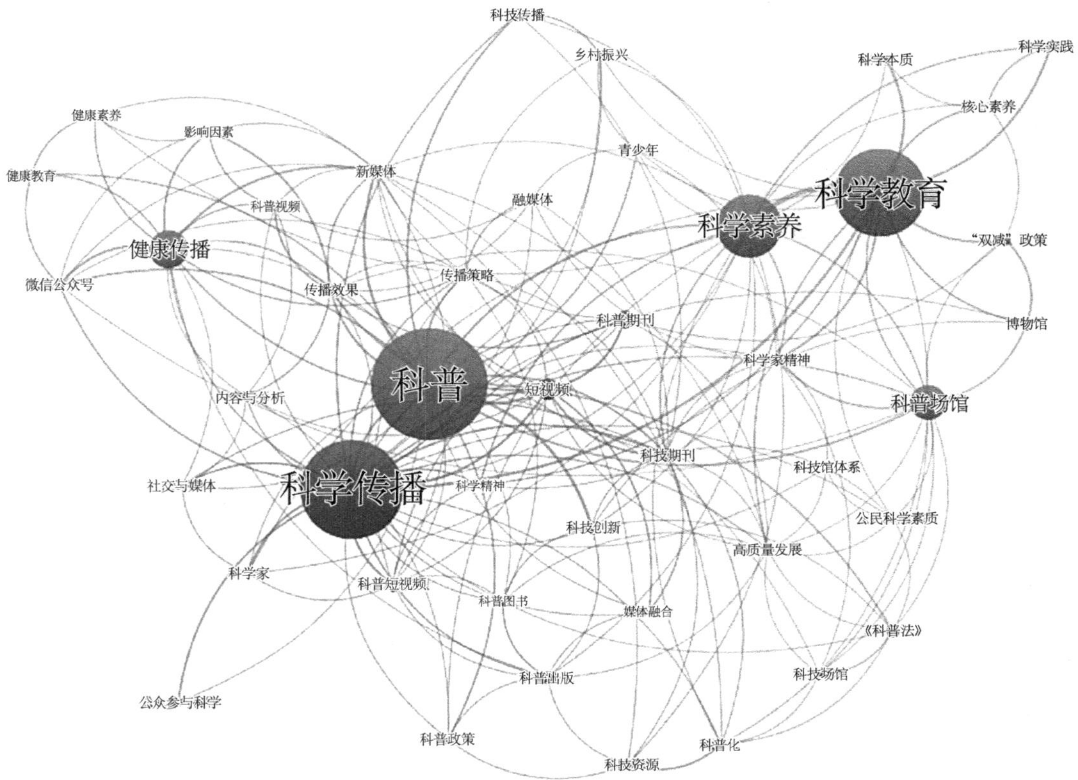

图 14-1　2022～2023 年中国科学传播理论研究关键词共词网络

（二）中国科学传播理论研究特点

根据图 14-1 的关键词共词网络，可以得出中国科学传播理论研究主要涵盖 3 个主要研究领域，即后疫情时代的健康传播理论研究、新媒体环境下科学传播理论建构与实践活动创新、基于《科普法》修订"双减"政策实施的科学传播前沿探索。以下将对每个主题下的研究成果分别进行呈现。

1. 后疫情时代的健康传播理论研究

该领域的关键词主要包括"科普""健康传播""新媒体""融媒体""微信公众号""科普视频""传播策略""传播效果""影响因素"等。2020 年年初，突如其来的新冠疫情给全社会的生产生活带来巨大冲击，除了抗击疫情最前线的医学领域外，卫生健康议题的科学传播作为全面战"疫"的重要一环也面临着重重挑战。在疫情初期，健康传播主要集中在针对疫情的应急响应方面，如传播医学知识和抗疫指南，同时科学传播学界所关注的焦点也大多集中于案例研究。随着中国战“疫”取得全面胜利，健康传播也进入到后疫情时代，学界开始更多地关注健康传播的理论层面，包括传播策略、传播机制、传播效果、说服效果、多元主体参与模式等，这标志着卫生健康议题的科学传播研究发生了从问题导向到理论反思的转向；同时，健康传播也不再限于疫情防控的基础知识，而是扩展到更为广泛的议题，包括疫情下的心理健康、其他常见疾病预防①、信息疫情、疫苗接种宣教、医疗系统公信力、以人工智能为代表的新兴医疗技术、以沉浸式媒体为代表的新兴健康传播技术②等。

疫情之初，出于防控的原因，线下科普活动难以开展，因此互联网新媒体传播手段凭借其极广的覆盖范围和极快的传播速度成为健康传播的主舞台，而社交媒体作为互联网的重要组成部分，其影响力在疫情期间显著增强，成为公众获取信息的最主要途径。在风险传播的视域下，拥有专业性知识的科学家群体成为一呼百应的舆论领袖，他们往往在社交媒体上通过融媒体形式传播科学知识，并且在重大舆情事件下积极以信息公开等支持型回应处理，体现了科学共同体的担当和责任；而由于疫情初期的缺位和科学结论的频繁变更，科学家群体也遭遇了信任危机，这更加凸显了公共卫生危机下科学传播的复杂性，这也对科学家参与科学传播提出新的要求。例如，在健康传播从传统的单向、线性传播向互动、多维度传播转变的情况下，要在管理机制、队伍建设、平台搭建等方面完善科学传播流程。除了科学家群体起到环境监测和服务公众的作用之外，包括政府部门、官方权威媒体、自媒体、公众等主体也都在卫生健康议题的科学传播流程中各司其职，共同构建一个以政府引导为核心，以专业生成内容（PGC）形式的健康信息生产和传播为辅的多元化传播生态③。这种模式不仅促进有效信息的快速传播，也为公众提供多角度、全方位的健康和科学信息，有助于提高整个社会对公共卫生事件的认识和应对能力。

在后疫情时代，随着线下科学传播活动的逐渐复苏，人们对线上讲座、

① 胡俊平，钟琦，易佳，等. 基于互联网媒介抗疫科普的公众信息行为调查研究[J]. 科普研究，2022, 17(1): 59-65+90+102.
② S. Ho S，陈梁. 新时代的健康传播研究：来自科学传播的启示[J]. 全球传媒学刊，2022, 9(3): 1-5.
③ 胡颢琛. PGC 健康信息特点和医生博主信任机制构建——以小红书平台为例[J]. 青年记者，2023(2): 65-67.

云端课程、视频会议等数字传播手段的依赖却并未减弱。事实上，这些线上平台和工具在疫情期间展现出的强大连通性和灵活性，已经深刻地影响了大众获取信息的习惯和方式。大众对新媒体的依赖性不断上升，线上获取科学知识和信息的需求日益强烈，预示着这些数字化传播渠道将继续在科学传播领域中扮演不可或缺的角色。可见，新媒体崛起不仅是疫情期间的权宜之计，更是标志着健康传播乃至整个科学传播领域更广泛、更深远的转变，而在此趋势下呈现出新样貌的健康传播则面临着更加深刻的伦理风险，这需要学界与业界凝聚共识，将健康传播纳入到科技伦理治理体系当中①。

2. 新媒体环境下科学传播创新发展

该领域的关键词主要包括“科学传播”“短视频”“科普短视频”“社交媒体”“科普期刊”“科技期刊”“科普出版”“科普图书”“科技创新”“公众参与科学”等。随着科学技术的飞速发展，传统科普出版、科普图书、科普活动等科普实践面临着前所未有的机遇和挑战。2022 年 4 月 24 日，中央宣传部印发《关于推动出版深度融合发展的实施意见》，强调要加快推动出版深度融合发展，构建数字时代新型出版传播体系。在这样的背景下，科学传播者应当适应新的传播策略，为传统科普融入视频、音频、动画等多媒体内容，基于增强现实（AR）、虚拟现实（VR）、混合现实（MR）等技术打造互动性和沉浸感，依靠第五代移动通信技术（5G）、物联网、大数据、人工智能等技术把科普资源与媒介资源进行有效协同，通过电子书、有声书、数字报刊、网络游戏、社交媒体平台等新媒体形式拓宽传播渠道，为更广泛的受众群体提供更高质量的科学传播服务。

从 20 世纪四五十年代开始，西方科学家就开始关注到科学的公众传播问题，第一个系统性的科学传播理论模型是“缺失模型”，该模型把每一个受众看作任凭装填的“空瓶子”。在经历了一系列批判、修整之后，英国皇家学会于 1985 年发布的《公众理解科学》报告拉开了“公众理解科学”的帷幕，并在 2004 年《社会中的科学》这一报告中把“公众理解科学”转变为“公众参与科学”，即“对话/参与模型”。然而有研究者在详细分析艾伦·欧文（Alan Irwin）的三阶科学传播理论之后，指出“缺失模型”与“对话/参与模型”之

① 葛海涛, 闫慧茜, 李晌. 健康传播中的伦理问题与治理展望[J]. 医学与哲学, 2023, 44(13): 50-53+63.

间并不存在迭代性，而是具备可转变性与互融性，进而提出超越“缺失模型”与“对话/参与模型”的设想①。除了“公众参与科学”本身与其他科学传播模型之间地位平等与否的研究之外，也有研究者针对该模型本身，通过测量科学资本的方式来衡量公众和参与科学传播的其他主体间的平等关系。科学资本关注的是与科学相关的资源，会对青少年本身对待科学的态度及将来从事科学工作的可能性产生影响。针对科学资本的测量揭示科学家与公众的地位，以及公众间地位均不平等的现象，因此需要设计分众化的科学传播理论模型②。至于“公众参与科学”中的其他主体，也有研究者拓展了应用在区域创新问题上的“三螺旋理论”，在原本“大学—产业—政府”三螺旋的基础上增加“大学—公众—政府”的三螺旋，形成“创新——可持续发展”的阴阳双三螺旋，指出公众在“公众参与科学”当中除了被动接收者之外，同时还具有科学知识的生产者和传播者、科学决策的参与者、科学发展的评价者与监督者、科学信任度的构建者与情绪传递者等身份③。还有研究者立足于多元主体参与科技治理的问题，以近年来的博物学复兴运动为例，探寻“公众参与科学”理论背后对于科学主义与现代性的反思，指出多元主体平等对话与共同参与难以落实的原因，以及解决这一问题的大致思路④。

在数字时代，各类科普出版物的受众个性化需求显著增长，他们更加希望接收到与自己兴趣、知识背景和生活环境更加贴近的科普内容，在内容形式上则表现出对视听内容的强烈偏好。随着互联网和移动技术的不断升级，尤其是5G时代的到来，受众越来越倾向于通过视频和音频形式获取科普信息，而对传统的纯文字内容的兴趣逐渐减少⑤。同时，数字时代的受众还表现出一定的互动意愿，他们不再只是被动的信息接收者，也越来越多地成为内容的共创者和积极参与者。面对这一现状，传统主流媒体应当继续肩负科学传播的权威示范作用，并且在此基础上跨越自身框架限制，积极拥抱视听

① 杨正. 超越“缺失-对话/参与”模型——艾伦·欧文的三阶科学传播与情境化科学传播理论研究[J]. 自然辩证法通讯, 2022, 44(11): 99-109.

② 杨恒，金兼斌. 科学资本：概念、测量与公众参与科学研究[J]. 科学学研究, 2022, 40(10): 1737-1744.

③ 彭红燕，朱鑫卓，郑念. 双三螺旋模型中公众参与科学的机制及角色[J]. 自然辩证法研究, 2022, 38(8): 54-59.

④ 章梅芳，刘兵. “公众参与科学”视野下的博物学复兴运动——兼论多元主体参与科技治理困境[J]. 自然辩证法研究, 2023, 39(5): 81-86.

⑤ 匡文波，姜泽玮. 融合出版视域下健康科普短视频的内容生产与传播探讨[J]. 出版广角, 2022(21): 32-37.

内容占主导的发展趋势，同时创新呈现方式以满足用户对个性化和互动性的需求。例如，引入MR技术赋能科普出版，在AR和VR的基础上进一步加强现实与虚拟相融合的效果，创造出更加生动、直观的科学传播环境，使受众探索过程变得更加有趣、高效①。自媒体则需要进一步优化其平台和技术，提供更加丰富、高质量的科普内容，同时保证信息的准确性和科学性。特别是在如今的"后真相"时代，更加需要科学传播者对科学隐喻文本的正确解构与重构，减少传播内容的失真和对科学问题的误读，扭转重"信"轻"知"的现状，复归"信""知"并重的局面②。

新媒体极大提升了科学传播的速度、广度和深度，也促进了公众对科学议题的参与，而短视频即时性、交互式的优势满足了新媒体用户碎片化的阅读习惯与需求；同时，短视频还把过去分隔在不同知识系统的大众聚集在同一信息场景下，在传递"内容"信息的同时也传递"关系"信息，因而极易贴近大众③，于是自然而然地成为人们参与科学议题的重要途径。除前文提到的科学资本之外，文化资本和社会资本对科学传播类短视频的内容生产起到至关重要的作用，因此与科学共同体联系密切的媒体、机构及个人往往在持续产出方面占据优势。目前，科学传播类短视频已经形成自身独有的叙事框架。这包括视角框架、话语框架、结构框架及语法框架的"递进模式"。这些框架在叙事中发挥着各自的功能性作用，并层层递进，共同重构人与知识的关系。另外，短视频作为科学传播的新阵地，也带来了伦理风险。这些风险包括科学共同体的边缘化、科学传播的功利化、科学知识的娱乐化等。要激发公众参与科学的积极性，需要通过传播主体的自我审查、公众对算法的主动抵御、传播平台的理性纠偏等方式来应对这些风险。同时，新媒体环境促使科技期刊创新其传播策略。这包括通过视频和短视频的方式提高科学知识的可达性，增强科学内容的吸引力，并通过社群化的互动模式建立健全的科学传播社区生态，有效地拓宽公众参与科学的渠道。

---

① 周荣庭, 杨晓桐, 何同亮. 混合现实（MR）科普活动用户的参与和分享意愿研究[J]. 科普研究, 2022, 17(3): 7-15+105.
② 王勇安, 李丙南. 科学隐喻与"后真相"时代传统科普出版的价值重构[J]. 出版广角, 2022(21): 21-26.
③ 汤欣雯, 周慎. 自媒体环境下生物多样性科学传播策略分析：以"无穷小亮的科普日常"为例[J]. 科学传播与科学教育, 2022(1): 63-76.

3. 新政策背景下科学传播前沿探索

该主题的关键词主要包括“科学教育”“科学素养”“‘双减’政策”“《科普法》”“科普场馆”“科技场馆”“科技馆体系”“公民科学素质”“高质量发展”“科学家精神”“博物馆”“核心素养”“科学本质”“科学实践”等。党的二十大报告描绘了全面建设社会主义现代化国家、全面推进中华民族伟大复兴的宏伟蓝图，而发展科学传播事业是中国式现代化的重要组成部分①。除《科普法》的修订和“双减”政策的颁布之外，2023 年还出台了《关于新时代进一步加强科学技术普及工作的意见》，提出要构建社会化协同、数字化传播、规范化建设、国际化合作的新时代科普“四化”生态。新政策、新法规的颁布与修订为科学传播理论研究提供了新的框架和方向，以下将分别展开讨论。

（1）《科普法》的实施效果与修订原则。早在 2002 年，中国就已经颁布《科普法》，这不仅是中国第一部关于科普的法律，也是全世界第一部科普专门法律。《科普法》从根本上推动了中国科普事业走上法治化轨道，但经过 20 年的发展，科普的内涵、理念、手段和机制都发生了深刻变化，《科普法》与中国现阶段科普事业的发展不相适应的特征越来越凸显②。另外，与科普法相关的法律与政策也发生了新的变化，如《中华人民科学技术进步法》与《中华人民共和国促进科技成果转化法》均先后做过修订，并且《全民科学素质行动规划纲要（2001—2035 年）》也把科学精神放到了科学普及的首位，取代了原本以科学知识普及为根本内涵的表达③。2021 年 12 月 17 日，全国人大常委会 2022 年度立法工作计划通过委员长会议，确定“修改科学技术普及法”为初次审议的立法项目，随后全国人大常委会于 2022 年启动《科普法》执法检查，并于 2022 年 8 月 30 日发布检查报告，《科普法》修订工作正式提上日程。2023 年 4 月 14 日，科技部发布“关于公开征求《中国人民共和国科学技术普及法（修改草案）》意见的公告”，标志着《科普法》的修订工作已取得重大阶段性进展。

在现行《科普法》中，对“科学普及”一词的界定无论是在概念层还是

---

① 王挺. 科普赋能中国式现代化的内在逻辑[J]. 科普研究, 2022, 17(5): 5-12+101.

② 王挺. 明确科普概念是《科普法》修订的基础[J]. 科普研究, 2022, 17(2): 1-2.

③ 张秀华, 程碧茜, 王丽慧. 以法律健全科普社会化机制——《科普法》执行效果分析及其修订的原则性思考[J]. 自然辩证法研究, 2022, 38(6): 62-70.

在执行层，都约定在自然科学与技术的范畴，却忽视了社会科学普及工作及其立法，这与宪法中确立的自然科学普及与社会科学普及的并行地位相抵触，因此社会科学普及入法的生成路径亟待探索①。从提升公民科学素质的角度来看，《科普法》还应当对于青少年、农民、产业工人、老年人、领导干部和公务员等科学素质建设的重点人群有所侧重，如针对青少年科学传播工作做出明确规范，使青少年科学传播实践具备有效的法律体系保障。在宏观层面上，《科普法》也应当与乡村振兴、“双碳”目标、文化强国及教育强国建设等国家战略有所呼应，这一点在部分地区的地方性科普条例已有体现，如《广东省科学技术普及条例》中已经把农村科普工作纳入乡村振兴计划。另外，在《科普法》的修订过程中，也应当全面考察和吸收借鉴国外科普立法的先进理论和有益做法，同时还要注重科普法与中国其他法律之间的协调统一和功能互补。

（2）“双减”政策之下的科学教育加法。2021 年 7 月 24 日，《关于进一步减轻义务教育阶段学生作业负担和校外培训负担的意见》由中央办公厅和国务院办公厅共同印发，旨在“有效减轻义务教育阶段学生过重的作业和校外培训负担”。这一“双减”政策反映了国家在减轻学生学业负担和加强学科类校外培训治理方面的坚定决心。该政策对于平衡教育资源、改善教育生态、促进学生全面发展和教育公平至关重要。然而，“双减”政策减轻的是负担，而非学习机会。因此，关键问题在于如何在“双减”政策背景下有效地加强科学教育。一方面，学校需在减轻校内课程负担的同时提高质量，丰富课后服务，并合理利用校外优质资源来满足学生的个性化和多样化需求。另一方面，非正式教育资源，尤其是科普场馆，应发挥其在科学教育中的重要作用。这些场馆不仅需要普及科学知识和方法，更重要的是要传播科学精神和科学家精神②。当前，国内多家科普场馆已在理论和实践方面进行探索。例如，上海科技馆建立以科学类博物馆为核心的教育生态体系；江苏科技馆利用其宣传优势发展特色创客教育体系；中国园林博物馆则探索了集展览、教育、研究和传播为一体的模式。此外，科普剧、青少年科普期刊、中小学

---

① 陈登航，汤书昆，郑斌.《科普法》修订背景下我国社会科学普及的立法特征、向度与入法探讨[J]. 科普研究，2022, 17(4): 88-95+106.

② 殷皓. 现代科技馆体系助力新时代科普事业高质量发展[J]. 自然科学博物馆研究，2022, 7(5): 5-9.

生防灾减灾科普领域也出现了许多需求导向、问题导向、实践导向的研究。

2023 年 2 月 21 日，习近平总书记在中共中央政治局第三次集体学习时强调“要在教育‘双减’中做好科学教育加法”。2023 年 5 月 7 日，教育部等十八部门联合印发《关于加强新时代中小学科学教育工作的意见》，系统部署在教育“双减”中做好科学教育加法，一体化推进教育、科技、人才高质量发展。科学教育是以自然科学内容为主，发展个体及群体科学素养的教育教学活动，是实现科技创新人才自主培养的主阵地，因此在“双减”政策催生科学教育新样态的当下，有必要对科学教育的本质内涵、核心问题与相应对策作系统的梳理①。中国科学院为此特别举办了以“科学普及助力科学教育做加法”的科学教育论坛，会上邀请中国科学院学部科学普及与教育工作委员会部分委员、院士代表、中小学校长与教师、一线科普工作者、科学教育专家、科技政策专家、来自教育部的负责同志等学界、业界的相关人士，就当前我国科学传播与科学教育所面临的挑战和机遇作集中的讨论，围绕创新人才培养、校内外科学教育协同发展、优质科普产品如何有效地为校内外的科学教育服务等议题产出一大批真知灼见②。全面落实习近平总书记关于做好科学教育加法重要指示是推进教育、科技、人才“三位一体”战略布局的关键性举措，我们应当紧扣对科学教育的再认识，推进新时代科学教育转型升级，构建大科学教育新格局③。

（三）中国科学传播理论研究问题与展望

1. 科学传播中的伦理和责任问题

在公众参与科学的视域下，科学传播不仅涉及知识的传播，也会影响公众对科学议题的认知和态度。随着科学技术的发展和社会参与度的提高，公众直接或间接参与科学决策和科学研究的情况也会日益增多，这其中涉及伦理道德方面的诸多问题，如隐私保护、数据安全、信息谬误、知识产权等。

---

① 郑永和, 周丹华, 王晶莹. 科学教育的本质内涵、核心问题与路径方法[J]. 中国远程教育, 2023, 43(9): 1-9+27.

② 江郁, 赵璐. 科学普及助力科学教育做加法——中国科学院学部第七届科学教育论坛会议综述[J]. 科学与社会, 2023, 13(4): 163-165.

③ 郑永和, 苏洵, 谢涌, 等. 全面落实做好科学教育加法 构建大科学教育新格局[J]. 人民教育, 2023(19): 12-16.

因此，对公众参与科学进行伦理道德治理，尤其是在后疫情时代健康传播和应急科普蓬勃发展的背景之下，对于保护个人权益、促进科学健康发展、维护社会公正和谐至关重要。首先，应当明确科学传播主体的责任，包括确保信息的准确性、公正性、透明度和对公众的负责任态度。这种责任明确化可以提高科学传播的质量，减少误导信息的传播，保护公众免受不准确或有偏见信息的影响。现行《科普法》存在科普主体责任缺失的问题，这与“促进法”立法理念及整体主义立法观有关，因此在下一阶段的修订工作中应当着重构建科普主体的利益基础和评价原则，明确法律责任的具体路径。其次，可以梳理欧美发达国家对于公众参与科学进行伦理道德治理的实践，结合中国现状进行借鉴，如开展公共政策研究、搭建公共科学平台、完善科研项目审查、开展伦理道德教育等。最后，部分先进地区对公众参与科学进行伦理治理的经验也可以作为范例推广至全国，如针对浙江高质量发展建设共同富裕示范区建构的反思性高阶伦理“元治理”路径。

2. 国际科学传播亟待进一步加强

2021 年 5 月 31 日，习近平总书记在主持中共中央政治局第三十次集体学习时强调，讲好中国故事，传播好中国声音，展示真实、立体、全面的中国，是加强我国国际传播能力建设的重要任务。党的二十大报告中再次明确提出，要增强中华文明传播力影响力，讲好中国故事、传播好中国声音，展现可信、可爱、可敬的中国形象。加强国际传播能力建设，全面提升国际传播效能，形成同中国综合国力和国际地位相匹配的国际话语权。国际科学传播是展示中国在科技领域取得的重大成就和创新的平台，可以向世界展示中国在量子通信、量子计算、高铁技术、航空航天等新兴科技领域的进步，增强国际社会对中国科技实力的认识。通过有效的国际科学传播，中国可以在全球科学政策制定和技术规范等方面发挥更大的影响，这有助于中国在全球科学治理中发挥更加积极的作用。同时，科学传播不仅是技术和知识的交流，也是文化和价值观的交流。通过国际科学传播，可以加深世界各国人民对中国文化和科学传统的理解和尊重。作为对外传播事业中不可或缺的一环，国际科学传播对国家形象的建设至关重要。相关研究表明，当前在国际上中国的科学形象整体优于中国的国家形象，因此通过国际科学传播促进中国国家形象的提升具有必要性和现实可行性。然而，目前中国的国际科学传播依然面临优质内容稀缺、传播模式单一、竞争对手强劲等重重挑战，不同学科领域的国际化发展水平也存在参差不齐，甚至两极分化的趋势，具体到科技期刊、科普童书、应急科普等方面的国际传播能力也与国际先进水平存在一定差距。因此，只有正视差距，充分发挥举国体制优势开展顶层设计，培养具有国际视野和跨文化沟通能力的科学传播人才，创新传播内容、传播技术、传播渠道，鼓励多元主体参与国际科学传播事业，才能构建与中国综合国力和国际地位相匹配的国际科学传播话语权。

（周荣庭、柏江竹）

十五

中国科学传播教育

教育、科技、人才一体化发展，是党的二十大报告提出的重要战略任务。在党和国家事业发展布局中，首次将教育、科技、人才作为一个有机整体集中阐述，突显了教育、科技、人才在中国现代化建设全局中的内在联系和系统价值。三者的一体化发展，意味着在中国式现代化进程中高度强化科技是第一生产力、人才是第一资源、教育是第一基础的逻辑；意味着坚持教育优先发展、科技自立自强、人才引领驱动共同形成协调发展新局面，从而加快实现建构高质量教育体系、完善科技体系和深化人才发展体制机制重大变革的历史使命。

科学教育不仅是当代中国教育最基础性的战略部署之一，也是中国科学传播持续健康发展的基本保障。科学教育是中国培养高素质人才、实现科技强国、建成创新型国家不可或缺的基础形式，其质量的高低直接决定着中国能否培养出新时代建设所需的高素质劳动人才大军、能否顺利形成中国现代化人才体系。

（一）中国科学传播教育发展概况

1. 多措并举创新理念

（1）新时代科普工作助力科学教育发展。2022年9月，中央办公厅、国务院办公厅印发的《关于新时代进一步加强科学技术普及工作的意见》（简称《意见》）指出：学校要加强科学教育，不断提升师生科学素质，积极组织并支持师生开展丰富多彩的科普活动；充分利用校外科技资源加强科学教育；加强幼儿园和中小学科学教育师资配备和科学类教材编用，提升教师科学素质。

《意见》出台后，各地各部门开展了一系列活动，如中国科协正在联合教育部，推动利用科普资源来助推“双减”工作，探索“科技馆里的科学课”“科创逐梦”等实践，举办“天宫课堂”、航天员太空授课等全国性、高水平的大型科学教育实践活动。

（2）协同育人机制开启科学教育新征程。2023年1月，教育部等13部门联合印发《关于健全学校家庭社会协同育人机制的意见》（简称《协同育人机制意见》），提出到2035年，形成定位清晰、机制健全、联动紧密、科学高效的学校家庭社会协同育人机制。

《协同育人机制意见》明确了学校、家庭、社会在协同育人系统中的职责定位及相互协调机制。一是学校要用好社会育人资源，建立相对稳定的社会实践教育基地和资源目录清单，联合开发社会实践课程。二是家长要利用闲暇时间带领或支持子女体验社会实践，帮助子女更好地亲近自然、开阔眼界、增长见识、提高素质。三是社会有效支持服务全面育人新目标，要把家庭教育指导作为城乡社区公共服务重要内容，积极构建普惠性家庭教育公共服务体系；各类教育基地和活动场馆要面向中小学学生及学龄前儿童免费或优惠开放。

（3）中小学科学教育“加法”工程强力启动。2023 年 5 月，教育部、中宣部等 18 部门联合出台《关于加强新时代中小学科学教育工作的意见》（简称《科学教育工作意见》），系统部署在教育“双减”中做好科学教育“加法”支撑服务，一体化高效推进教育、科技、人才高质量发展。

《科学教育工作意见》主要部署了三个方面的任务：一是在“实”字上发力，推出了实施“校内科学教育提质计划”重点项目，部署建立工作台账，开展排查指导的做“实”目标。文件提出要特别关注加强师资队伍建设，从源头上加强高素质、专业化科学类课程教师供给。在专业培养、师资培训、岗位编制、评价机制等多个环节上，系统加强中小学科学类课程的教师、实验员等人才队伍建设。二是做“宽”校外科学教育资源，着重盘点、精选、补充资源，全面动员相关单位，加强场馆、基地、营地、园区、生产线等资源的建设与开放，为校外教育提供物质基础；强化供需双方对接，明确开展科学教育的时间和次数要求，让参与方式变“短期”为“常态”，实现校外科学教育与学校的“双向奔赴”；加大对科学教育资源的宣传推介力度，让科学教育资源获取方式家喻户晓，让爱科学、学科学、用科学成为社会风尚。三是在“同”字上找突破，做好相关改革衔接：要规范科技类校外培训，严格竞赛活动管理，统筹拔尖创新人才项目，推进中高考内容改革，实施家庭科学教育，开展科学教育研究。

（4）研学实践构建优质公共科学教育服务体系。2023 年 6 月，中央办公厅、国务院办公厅印发的《关于构建优质均衡的基本公共教育服务体系的意见》中明确提出：“加强劳动实践、校外活动、研学实践、科普教育基地和家庭教育指导服务中心、家长学校、服务站点建设”，对研学实践与科普教育基地给予了特别的关注。

《中国研学旅行发展报告》数据显示：2022 年研学旅行突破 600 万人次，达到历史新高。科普研学作为研学旅行重要一环，是学校教育和校外教育衔接的大众创新形式，科普研学计划能让中小学生为主的广大人群在“行走的课堂”中体验科学、增长见识、收获新知、开阔胸怀。而日益升温的科普研学市场需求，也对研学实践的规范经营、内容提质等方面提出了更高要求。

（5）多部门合作促进中小学教师科学素质提升。2023 年 7 月，教育部、中国科学院、中国科协联合印发《关于做好 2023 年下半年全国中小学教师科学素质提升培训工作的通知》。三部门将整合相关资源与项目，协同开展中小学教师科学素质提升培训。

教师培训由教育部教师工作司、中国科学院学部工作局和中国科协科学技术普及部共同推动，包括四个板块不同类型的项目。

一是开展“全国科学教育暑期学校”中小学教师培训。该项目由 12 所师范类大学和中国科学院地方分院、院属单位携手承办，邀请院士等科学大家、科普工作者、教师教育专家、中小学科学教育教研员、科学教育特色学校名师名校长等主讲，专题讲座与重点实验室等科研工作现场教学相结合。

二是开展中小学科学类课程教师主题式系列研修活动。由中国科协青少年科技中心、中国青少年科技教育工作者协会牵头，联合有关高校、科研院所、学会等，围绕科学类基础学科教学，以及“生态科学”“海洋科学”“走进大国重器”“科创项目式学习”等丰富主题，2023 年下半年面向中小学科学类课程教师、主管科学教育的校长、科技辅导员等，开展了 6 个子项的研修活动。

三是组织重点科普活动骨干教师交流活动。由中国科协青少年科技中心、中国青少年科技工作者协会牵头，依托科协系统青少年科技教育活动部门单位，2023 年下半年围绕青少年科学调查体验活动和青少年人工智能创新实践两大主题，举办了 3 期交流活动。

四是促进“馆校合作中小学教师科学教育实践能力提升”项目。由中国科学技术馆牵头，依托省、市级科技馆，联合相关师范院校，2023 年下半年围绕基于科技馆科普资源的项目式课程开发和科学实践活动设计两大主题，举办了 8 期教师培训。

2. 加强基础理论研究

（1）国内代表性研究成果概要。在知网上以“科学传播教育”作为主题词进行检索，结果显示：从 2022 年 1 月至 2023 年 12 月，中国（不含台湾地区）涉及“科学传播教育”文献共 107 篇，其中正式发表的文献 83 篇，学位论文 24 篇，较 2021 年数量下降了三分之一左右。相关论文主题则与 2021 年相仿，主要集中在科普资源实践、效果提升等方面。在科普资源实践方面，孔晓梦通过对科技馆开展科普活动现状进行研究，提出科技馆要充分利用科普资源创新科普活动内容和载体[①]；于思颖结合学校学科教育，以中国铁道博物馆特色课程“‘童言童语’铁路科普小使者”为例，针对馆校结合在“双减”实施后对青少年科学教育活动的创新与发展、作用及策略进行分析[②]；钟燕凌以福建省科技馆为例，探讨在“双减”背景下，科技场馆青少年科学教育的新途径[③]。在提升青少年科学素质效果方面，骆玲玲从“科普讲堂”在科技活动中的作用和重要意义等方面进行分析，明确了“科普讲堂”平台能够更好地调动学校科普教育积极性，可以提升群众科学研究文化素养[④]；郑永和从教育观念、教学服务、组织结构和发展格局探讨高质量科学教育体系的基本内涵，从学段、主体和要素三维度解析体系构成，并提出提高青少年科学素质的高质量科学教育体系的发展路径[⑤]。

在知网上以“科普研学”为主题词进行检索，结果显示：截至 2023 年 12 月，中国（不含台湾地区）涉及“科普研学”主题的文献共有 214 篇，其中正式发表的文献 169 篇，学位论文 45 篇，较 2021 年数量稍微上升，增加了 28 篇，主要集中在研学实践、文旅融合等方面。在研学实践方面，左奕探

---

① 孔晓梦.“双减”背景下科技馆提高科普服务能力的路径研究[J]. 企业科技与发展, 2023(7): 125-128.

② 于思颖.“双减”后的校外教育推动馆校结合创新与发展——以中国铁道博物馆特色科学教育活动为例[J]. 文物鉴定与鉴赏, 2022(21): 91-94.

③ 钟燕凌.“双减”背景下青少年科学教育新途径探究——以福建省科技馆为例[J]. 海峡科学, 2022(9): 121-124.

④ 骆玲玲. 论“科普讲堂”在科技活动中的作用——以六盘水市为例[J]. 才智, 2023(25): 127-130.

⑤ 郑永和, 杨宣洋, 袁正, 等. 高质量科学教育体系：内涵和框架[J]. 中国教育学刊, 2022(10): 12-18.

讨了天津动物园在科普教育研学营活动的实践经验，介绍了研学教育的开展情况和游客的参与情况，梳理了当前动物园研学教育的主要模式①；汪维熙和刘昌文分析了湖南省蚕桑文化作为科普研学的各种有利因素，探讨了湖南开展蚕桑文化科普研学存在的主要问题和面临的挑战②。而在文旅融合方面，卢丽君探讨文旅融合时代公共图书馆研学旅行服务模式发展策略③；帅军霞从 RMP 视角出发，结合青少年身心特征和研学旅游需求动机，通过“研学旅游+”创新研学旅游途径④。

（2）国外代表性研究成果概要。国际学术界一般通用“科学传播”，而很少用“科普”作为基础概念，因此以“科学传播”“教育”为关键词在 Web of Science 数据库搜索，结果显示：截至 2023 年 12 月，科学传播与科学教育、科普研学相关研究有 36 282 篇，与中国国内的研究主题相似，集中在科普资源和素质提升两个方面。研究者对科普内容资源、科普媒介资源等要素如何促进教育发展进行了研究。Petzold A（佩措尔德）提出在本科生理学中进行科学传播技能教育对在科学领域取得成功至关重要⑤；Musaxonovna K L（弥撒鲁）认为数字化资源可以更好地进行科学传播⑥；Akhmedov B A（阿赫梅多夫）认为专家体系可以促进科学传播效果提升⑦。但国外也有研究者在科普研学方面更侧重研学对素质教育作用的研究。如 Pahrudin P（帕鲁丁）阐述了科普研学对青少年素质提升的作用⑧。

2022～2023 年，中国研究者对科普资源利用模式、科普研学实践路径研究较多，尤其“双减”政策出台后，利用和开发科普资源、提高中小学科学教育实践水平与提升青少年素质研究日益得到重视。

---

① 左奕. 天津动物园动物保护科普教育研学营的实践探索[J]. 大众科技, 2023, 25(7): 189-191+144.

② 汪维熙, 刘昌文. 湖南蚕桑科普研学发展现状与应对策略[J]. 蚕桑茶叶通讯, 2022(5): 1-3.

③ 卢丽君. 文旅融合时代公共图书馆研学旅行服务模式与策略研究——以太原市图书馆为例[J]. 科技资讯, 2023, 21(18): 182-185.

④ 帅军霞. 基于 RMP 分析的许昌市研学旅游产品开发研究[J]. 旅游纵览, 2022(18): 42-44.

⑤ Petzold A. Using a stepped framework of student-led laboratories to help teach science communication in physiology[J]. Physiology, 2023, 38(S1): 573-970.

⑥ Musaxonovna K L. General secondary schools requirements for the introduction of informed educational resources for the development of natural sciences[J]. ACADEMICIA: An International Multidisciplinary Research Journal, 2022, 12(5): 855-860.

⑦ Akhmedov B A, Askarova M R, Xudayqulova F B, *et al*. Pedagogical science education manegment in teaching science of pedagogical sciences[J]. Uzbek Scholar Journal, 2022, 10: 529-537.

⑧ Pahrudin P, Liu L W, Li S Y. What is the role of tourism management and marketing toward sustainable tourism? A bibliometric analysis approach[J]. Sustainability, 2022, 14(7): 4226.

3. 校内科学传播教育

2023 年 2 月，习近平总书记在主持中共中央政治局第三次集体学习时指出，要在教育“双减”中做好科学教育加法，激发青少年好奇心、想象力、探求欲，培育具备科学家潜质、愿意献身科学研究事业的青少年群体。这是新时代给科学教育提出的新命题，也是学校科学教育发展的新契机。

2024 年 3 月 1 日，教育部召开的新闻发布会介绍，2023 年，全国共有各级各类学校 49.83 万所，比上年减少 2.02 万所，下降 3.9%；各级各类学历教育在校生 2.91 亿人，比上年减少 151.26 万人，下降 0.52%；专任教师 1891.78 万人，增长 0.6%。在知网、万方等数据库中对“学校科学传播教育”关键词的文献检索，结果发现：虽然每一轮课程改革都明确了科学教育和科学课程的改革方向，但在实践中也出现了若干问题。包括：学校、教师等对小学科学教育的价值认识不足，科学课程没有得到学校足够的重视；科学教育在公民科学素养提升和科技创新人才培养中发挥的作用不够彰显，科学课程教育存在教师的教学实践与学生的认知规律不一致、评价方式与课程标准不匹配问题；区域存在的主要问题包括教师专业素养发展不均、教育时间难以保证、教育资源不平衡和对学生的培养缺少差异性等。

科学传播类的教育需要足够的时间作保证，按照新发布的课程方案，小学阶段科学课程教学时间应占总课时的 8%～10%，其他阶段科学教育的时间要从占总课时 14%～18%的综合实践活动以及地方和校本课程中分割而来，虽然在各科目中所占时间已有明确推动，但区域、城乡和校际之间的差异影响到科学教育的均衡发展，科学教育融入课后服务的情况也存在较大的差异。2023 年史加祥提供的数据显示，11.5%的学校对课后服务科学教育进行了整体规划，31.4%的学校在课后服务中按年级开设了科学探究类活动，接近 43%的学校只是开设了一些科技小社团，还有约 13%的学校没有涉及科学教育的内容。很多学校的观念没有从“课后服务”转为“课后教育”，没有意识到课后教育是开展科学教育的契机①。

科学教育加法的前提是“双减”的真正落实和学校对科学教育的整体规划与设计，要切实减轻学生的学业和作业负担，为“加法”腾出时空，同时也要减轻科学教师的负担，减少科学教师的过多非教学性任务，为科学课程教学

---

① 史加祥. “双减”背景下科学教育加法的学校理解与实践[J]. 教学与管理, 2023(26): 10-14+26.

和教育科研提供更充裕的时间、支持和资源，推动科学教育质量的提升。

4. 校外科普研学实践

科普研学作为近年来兴起的一种科学教育形式，逐渐得到学校、家长和学生的重视与喜爱。在“双减”政策影响下，科普研学将迎来更好的发展空间。近年来，科研院所与教育部门及中小学、青少年活动组织机构已经有较多的科普研学合作，不少单位还被评选或授牌为研学旅游基地。一方面，科技资源属于国家公共投资建设，有义务针对社会公众开展科普，最大价值地发挥科技设施建设的投入效益。另一方面，中小学生有巨大的社会科学实践需求，科普研学作为校内教育和校本课程的有益补充，可以解决应试教育压力下青少年知识体系僵化、与社会认知、实际应用脱节严重的问题。

5. 小学科学教师培养

教育部基础教育教学指导委员会科学教学专委会在2021年组织的“全国小学科学教师队伍调查”数据显示，华东地区的小学科学教师占比最大（26.8%），超过四分之一；华中和华北地区超过五分之一，分别为22.0%和20.6%；西南和华南地区占比分别为14.3%和12.0%；东北和西北地区则各占3.2%与1.2%。[①]

从性别、年龄和学历来看，小学科学教师中女性占比大，以中年教师为主，近七成达到大学本科及以上学历。小学科学教师中的女性占比超七成，30岁及以下的青年教师占27.9%，31～50岁年龄段的中年教师是主要群体，占比近六成；高中及高中以下学历（不包含“其他”）的教师为2.5%，达到大学本科学历及以上的教师占比为70.2%，其中具备研究生学历的仅有1.8%，达到博士学历仅有30人（占比0.02%）。

6. 科学教育人才培养

与《中国科学传播报告（2022）》一致，本报告采用科学教育和科学传播人才培养来描述科学传播教育人才情况。

《关于公布2022年度普通高等学校本科专业备案和审批结果的通知》显示，2022年教育部新增唐山师范学院、邢台学院、内蒙古师范大学、荆楚理

① 小学专任教师数据来源于《中国教育统计年鉴》（2020）。

工学院、成都文理学院、咸阳师范学院、渭南师范学院、新疆师范大学、哈尔滨师范大学、鲁东大学和临沂大学 11 所学校科学教育本科专业，截至 2023 年 12 月，中国（不含台湾地区）有76 所高校开设了科学教育相关的本科专业，超过一半以上的学校为师范类院校。

教育部研究生招生网站 2023 年 12 月信息显示，华中师范大学是唯一一所实行科学传播与科学教育两个专业招生，且均有硕博士招生点的学校。2022～2023 年，中国共有 52 所高校设置科学教育硕士点，师范类院校在科学教育专业开设的高校中占比最大，其中数学、物理、化学、生物、信息均开设学术型硕士点的学校有河北师范大学、贵州师范大学和闽南师范大学；开设硕士点的学科数为 4 个的高校有24 所，其中 15 所均为师范院校；开设硕士点的学科数为 3 个的高校有7 所，其中 3 所均为师范院校；开设硕士点的学科数为 2 个的高校有 3 所，其中 1 所为师范院校；开设硕士点的学科数为 1 个的高校有 15 所；开设数学学科教育或课程与教学论专业的高校占比最高，有 50 所，达到96%（表 15-1）。

表 15-1　2022～2023 年科学教育专业硕士招生学校名单

涉及学科数	学校名称
5	河北师范大学、贵州师范大学、闽南师范大学
4	安徽师范大学、安庆师范大学、北华大学、阜阳师范大学、海南师范大学、合肥师范大学、河南师范大学、湖北师范大学、黄冈师范大学、佳木斯大学、江苏师范大学、喀什大学、鲁东大学、牡丹江师范大学、齐齐哈尔大学、黔南民族师范大学、曲阜师范大学、山西师范大学、陕西理工大学、温州大学、信阳师范大学、延安大学、云南师范大学、重庆三峡学院
3	宝鸡文理学院、东华理工大学、湖南理工学院、洛阳师范大学、宁夏师范学院、太原师范学院、延边大学
2	广东技术师范大学、湖南工业大学、宁波大学
1	北部湾大学、昌吉学院、大理大学、大连大学、佛山科学技术学院、广西师范大学、河南科技学院、衡阳师范学院、湖州师范学院、淮北师范大学、集美大学、济南大学、南京信息工程学院、苏州科技大学、重庆师范大学

（二）中国科学传播教育存在的问题

1. 亟需协调推进机制：桥船呼唤相应制度保障

从 2022～2023 年的发展情况看，虽然两年里出台了若干顶层设计的政策文件和部门推进举措，但科学传播教育领域的发展需要相应机制保障，亟需解决“桥”和“船”有机衔接的问题。现状是组织系统自身也处在加速建设之中，离体系完备、布局合理还有不小的差距，相互之间的衔接、对接、链接更需要有高屋建瓴的战略性机制安排与稳定可行的体制化制度保证。

2. 供给需求矛盾突出：难以满足学生多样需求

由于学生的学习兴趣特长、学习风格、生活与成长背景各异，其对于科学教育服务的诉求不尽相同，因此只有为学生提供多样化、优质化的科学教育服务，才能满足他们的科学核心素养发展的需求。然而，当前的学校科学教育服务供给模式较为单一、供给内容质量不高[①②]，难以为学生提供丰富的场景式、体验式、探究式、实践化科学教育活动。《义务教育科学课程标准（2022 版）》提出：学生的科学核心素养包括科学观念、科学思维、探究实践和态度责任四个维度。但是现有的学校科学教育课程多注重科学知识的讲授，过分简化科学研究实践的真实性，也较少顾及不同学生的自身情境[③]，难以满足学生科学思维和探究实践能力发展的需要。同时，由于中国小学科学教师比较擅长概念、规律等科学观念类的教学，而对信息技术应用、探究式教学、跨学科的项目式教学等方面的表现较为薄弱[④]，因此也难以满足学生对于多样化、前瞻性科学教育活动供给的需求。

3. 师资配置差异突出：教学水平制约课程发展

要缩小校际教育差距，关键是要缩小校际间教师队伍配置水平的差距[⑤]。当前，中国科学教育师资力量总体薄弱[⑥]，表现在教师数量和质量两方面：一是中国小学科学专业专职教师的数量严重不足[⑦]。2023 年郑永和等人

---

① 王冠, 周莹, 靖春元. “互联网+”科学教育助推“双减”工作的实践研究[J]. 教学与管理, 2023(4): 21-24

② 郑永和, 彭禹. 科技馆助力科学教育高质量发展：框架设计与实施路径[J]. 自然科学博物馆研究, 2022(5): 10-17.

③ 裴新宁. 重新思考科学教育的若干概念与实施途径[J]. 中国教育学刊, 2022(10): 19-24.

④ 郑永和, 杨宣洋, 王晶莹, 等. 中国小学科学教师队伍现状、影响与建议：基于 31 个省份的大规模调研[J]. 华东师范大学学报（教育科学版), 2023(4): 1-21.

⑤ 张志勇. 构建优质均衡基本公共教育服务体系的要义与路径[N]. 光明日报, 2023-7-4(15).

⑥ 林长春. 科学教育师资配备的“困”与“解”[J]. 教育家, 2022(41): 37-39.

⑦ 郑永和, 杨宣洋, 王晶莹, 等. 中国小学科学教师队伍现状、影响与建议：基于 31 个省份的大规模调研[J]. 华东师范大学学报（教育科学版), 2023(4): 1-21.

的研究表明，受小学科学课时增长和学龄儿童人数增长两因素叠加影响，未来五年中国小学科学教师还将面临较大的师资缺口[①]。二是就科学教育教师的质量而言，近年来随着相关教师教育政策的颁布与实施，专业素养也逐步提升，但对于培养学生创新精神和实践能力所急需的跨学科教学、项目式教学、探究式教学的能力还亟待提高。

4. 多元协同存在不足：科普研学中研与学失衡

科普研学主要面向青少年，以研究性学习为特点，是科学传播教育的新途径，因此科普基地、科技馆、科研院所成为研学的主要目的地。《江苏省研学旅行消费调查报告（2023）》发现，研学旅行话题持续高涨，“旅游体验＋学习实践”的组合受到许多学校和家长的欢迎。但在研学旅行快速发展的“蓝海”市场下，也出现鱼龙混杂现象，主要表现在以下方面。

（1）游而不学成“通病”，研学效果不达预期。超半数消费者选择研学旅行的目的在于强化实践经验和学习专业知识。但调查发现，“研”“学”失衡，“游而不学”问题显著。在线上调查中，48.5%的消费者认为名校、博物馆打卡教育效果不佳，34.3%的消费者认为只游不学或只学不游，效果打折扣。

（2）研学体验质价不符。不同场馆的科普研学深度和水平层次有别，且没有形成联动。本身拥有植物园、博物馆、标本馆的场馆在开展研学方面有较大的优势，不仅有经验丰富的全职科普科教人员，而且更容易协调本单位的科技资源。但绝大多数场馆研学活动开展被动，动力不足。同一地区或同一领域的场馆之间缺少协调配合，没有形成有机结合的研学线路。

（3）参与人员主体缺乏研学课程设计经验和教育学专业背景。科普研学活动不同于一般的科普开放活动，活动对象为在校青少年学生群体，应该更注重探究性和教育性。针对青少年的授课规范和教学技巧与学校教师相比，存在一定的差距。

---

① 郑永和，杨宣洋，王晶莹，等. 中国小学科学教师队伍现状、影响与建议：基于 31 个省份的大规模调研[J]. 华东师范大学学报（教育科学版），2023(4): 1-21.

（三）中国科学传播教育的发展建议

中国亟需在相关顶层布局政策推行过程中，强化科学教育研究的引导性作用，发挥科学家的专业性作用，体系化构建覆盖拔尖学生筛选、科学教育内容、科学教育教学、科学教育评价、科学教师职前培养与职后培训、科学教育共建生态等要素的科学教育标准，推动科学教育规范、协调、高效发展。

1. 教育科技人才三位一体，构建新型发展格局

构建教育、科技、人才三位一体的发展格局，强化教育、科技、人才在中国式现代化建设中的基础性、战略性支撑，是党的二十大提出的重要战略任务。2022 年以来，不管是顶层设计，还是领导重视层面都对于教育、科技、人才三大领域提出了全方位的新要求，需要教育体系、科技体系、人才体系进行系统变革，也就意味着科学传播教育在价值理念、机制建立、政策保障、理论研究等方面将做出适当调整，适应现代化强国建设的需要，大力提升教育、科技、人才一体化协同发展的治理能力。深化科学传播教育人才发展体制机制改革。应尊重人才成长管理规律，破解人才工作体制机制障碍，建立健全灵活、开放、高效的人才创新体制，形成公正平等、竞争择优的制度环境。创新人才评价机制，建立健全以创新能力、质量、贡献为导向的科技人才评价体系，完善科技奖励机制，让优秀科技创新人才得到合理回报，充分释放各类人才创新活力。重视青年尤其是杰出青年科学传播教育人才培养，努力造就一批具有区域甚至世界影响力的教育人才，大力支持一批科学传播教育团队。

2. 基于人工智能最新进展，做好科学教育加法

人工智能作为科技最前沿的技术，对人类的生产、生活正在产生极其深远的影响，这种影响也对认识科学技术本身产生了微妙的变化，面向全体民众的前沿科普工作的重要性在 2022 年 ChatGPT 横空出世的重大挑战下进一步凸显。

科学教育需要适应人工智能时代的新变化，满足新技术给人类带来的新

需要。第一，打造特色科普助力“双减”品牌活动，探索分层设计与贯通设计。中小学应明确科学教育“加法”实践活动是全体学生的，要面向所有年级和班级开展形式多样的“请进来”“走出去”“双减”课后延时服务等不同类型的活动，利用生成式人工智能技术，积极创新主题活动，打造个性化与富有特色的品牌活动。第二，通过结对帮扶推进城乡学校协同发展，探索开展线上的科学传播教育。利用生成式人工智能技术，将城区优质学校科学传播教育的精品活动，同步到乡村小规模小学与薄弱学校；引导中小学探索利用“中国科学传播网”“科学传播中国”等线上科学传播资源，开展科学传播教育活动。同时，利用 VR、数字孪生等先进技术，在公共服务平台上建设“云上科技馆”等平台。

3. 激活多元社会创新主体，系统加强交流合作

企业作为社会的创新主体，是供给侧改革的先行者，能敏锐地把握社会需求；科研院所和高校是科学家和科技成果聚集的地方，开展科普研学拥有得天独厚的条件，也是很多企业愿意与之合作的原因。在当今知识经济时代，科学传播教育在激活多元社会创新主体方面发挥着不可或缺的作用。这种激活不仅促进企业、科研院所和高校之间的紧密合作，还鼓励了政府、媒体和社会组织等多方力量的积极参与，共同推动科技创新和科普工作的发展。

以华为公司为例，这家全球领先的信息与通信技术解决方案供应商，始终把科技创新作为企业发展的核心驱动力。通过与科研院所和高校的合作，华为不断引进和吸收先进的科研成果，将其转化为具有市场竞争力的产品和服务。例如，2023 年 6 月，华为开发的小学科学教学的软件产品“智林小学科学互动教学系统”，已在华为公有云平台（鲲鹏）进行部署，涵盖小学一年级到六年级科学教材的全部教学内容，通过形象化、具象化模拟科学现象，激发学生的好奇心和探求欲。该系统还具有教学资源全覆盖、内容易理解、界面易操作、教学场景全仿真等特点，能够提升学生探究式学习的兴趣。与此同时，华为还积极参与科学传播教育活动，通过举办华为科技小学堂等方式，把科技知识与实践相结合，激发学生对科学的兴趣和探索精神。另外，在 2023 年 3 月，由华为公司主办、河北科技师范学院教育学院协办的“华为科技小学堂——2023 青龙县”项目正式启动，河北科技师范学院和华为的专

家、学者为青少年带来三门课程，即《开启科技宝盒》课程，老师让学生分别担任观察员、传递员、建造员这三种角色，合作使用立体积木重组钥匙，开启“科技宝盒”，极大地锻炼了孩子们团队合作、观察、表达和动手能力；《指挥分拣机器人》课程，老师通过“帮家长取快递”这一身边常见的场景激发学生参与兴趣，感知“指挥分拣机器人”的重要作用，通过编程设计示范，让学生了解机器人是如何接受指令、进行包裹分拣投递的；《初识智慧农业》课程，老师通过视频展示智慧农业场景，让学生接触到“无土栽培”，引导学生结合生活实际思考植物生长的关键因素，并画出这些因素和植物生长的关系，很好地锻炼了学生的观察、归纳总结、思考、绘画、想象等多方面能力。学生不仅有机会接触到先进的科技成果，还能够与科研院所的专家、学者直接进行对话交流，参与不同的有趣实验，化身“小记者”进行采访、写作等一系列体验活动，从而不断提升自身的科学素养和创新能力。

随着科技的不断进步与创新，中国科学传播教育将会面临更多的挑战和机遇。面对这些挑战，职能部门需扮演着至关重要的角色，如制定并落实一系列的政策、法规，为科学传播教育提供强有力的制度保障；同时，还需要加大投入，推动科学传播教育的基础设施建设，如建设科技馆、科学实验室等，让更多的人有机会接触和了解科学技术。企业则可以利用其强大的技术研发能力，为科学传播教育提供先进的科技支持。例如，企业可以研发出更加智能、便捷的科学教育工具，如虚拟实验室、AI 教育机器人等，让科学教育变得更加生动有趣，更加高效。科研院所和高校则是科学传播教育的重要力量，其丰富的科研资源和教育资源，可以为科学传播教育提供源源不断的智力支持。科研院所和高校可以通过开设科普课程、举办科普讲座、组织科学实践活动等方式，让更多的人了解科学的魅力，激发他们对科学的热爱。媒体和社会组织也是科学传播教育不可忽视的力量。媒体可以通过各种传播渠道，如电视、广播、报纸、网络等，把科学知识传播到社会的各个角落；而社会组织则可以通过举办不同科学活动，如科技节、科普展览等，让更多的人有机会亲身参与科学，感受科学的魅力。

未来，科学传播教育需要系统的加强交流合作，发挥多元社会创新主体的作用，共同推动科学传播教育的发展。

（朱　赟、汤书昆）

附录

中国科学传播大事记

2022 年[①]

1. 2022 年文化科技卫生“三下乡”活动开展

1 月 9 日，中央宣传部会同中央文明办、国家发展改革委、教育部、科技部、司法部、农业农村部、文化和旅游部、国家卫生健康委、广电总局、国家乡村振兴局、共青团中央、全国妇联、中国文联、中国科协组织开展 2022 年文化科技卫生“三下乡”集中示范活动，积极推动“三下乡”活动常态化，把集中示范服务活动和经常性工作结合起来，强化服务意识，创新服务方式，不断提升活动整体质量和社会美誉度。

2. 第 62 个世界气象日科普活动举办

3 月 23 日是第 62 个世界气象日，主题是“早预警、早行动：气象水文气候信息，助力防灾减灾”。世界气象组织（WMO）秘书长佩蒂瑞•塔拉斯发来致辞。中国气象局公布了经过全国气象部门投票、由院士专家和中央媒体记者评议出的十项“2021 年度气象现代化建设重大进展”，涉及天气预报、气候预测、数值预报、全球观测、空间天气、公共气象服务等领域的 10 个项目。

3. 2022 年全国科普工作联席会议召开

2022 年全国科普工作联席会议 3 月 30 日在北京召开，科技部党组书记、部长王志刚主持会议，中央宣传部、中央组织部、中央网信办、中央保密办、中国科协、军委科技委及国务院相关部门、相关人民团体等共 41 个部门代表参会。会议审议《全国科普工作联席会议制度》《“十四五”国家科普发展规划》，通报全国人大常委会关于《中华人民共和国科学技术普及法》执法检查工作安排。

4. 第53个世界地球日科普活动举办

4 月 22 日是第 53 个世界地球日，活动主题为“珍爱地球 人与自然和谐

① 参阅新华社、《人民日报》等报道及相关政府部门网站。

共生”。4 月 18～24 日，自然资源部组织开展主题宣传活动。围绕活动主题制播新媒体产品，联合自然保护公益伙伴计划成员单位开展系列宣传活动。

5. 第7个中国航天日活动举办

2022 年“中国航天日”线上启动仪式于 4 月 24 日举行，由工业和信息化部、国家航天局和海南省人民政府共同主办。活动以“航天点亮梦想”为主题，启动仪式以“梦”为主线，分为“启梦 • 星辰大海”“逐梦 • 砥砺奋进”“圆梦 • 见证荣耀”“织梦 • 相约未来”等板块，虚拟与现实相结合，充满正能量和艺术感。

6. 科技部要求国家重点实验室开展公众开放活动

5 月 6 日，科技部基础研究司印发《关于国家重点实验室在 2022 年全国科技活动周期间开展公众开放活动的通知》，要求各国家重点实验室在全国科技活动周（5 月 21～30 日）期间，根据工作安排，按照当地疫情防控要求，结合自身特点，主动开展各种形式的公众开放活动和科普工作。

7. 第14个全国防灾减灾日科普活动举办

5 月 12 日是第 14 个全国防灾减灾日，5 月 7～13 日为防灾减灾宣传周，主题为“减轻灾害风险，守护美好家园”。5 月 11 日，国务院抗震救灾指挥部办公室、应急管理部、甘肃省政府在甘肃省张掖市等地联合举行“应急使命 • 2022”高原高寒地区抗震救灾实战化演习，着力提高应急指挥效能和救援合力，推动各地强化抗大震救大灾准备，促进抗震救灾能力提升。

8. 中国科学院第十八届公众科学日活动举办

中国科学院第十八届公众科学日 5 月 21～22 日在全国百余个院属单位成功举办，主题为“爱科学，向未来”。活动坚持“科学不失约”，在疫情期间，组织百余个院属单位多种形式的线上活动，包括 33 名院士在内的 1500 余位科研人员为公众释疑解惑。公众通过直播、话题互动、短视频等方式参与，总人次超 1.1 亿。

9. 第51个世界环境日活动举办

6 月 5 日是第 51 个世界环境日。联合国环境规划署确定的世界环境日主题为“只有一个地球”。中国宣传主题为“共建清洁美丽世界”，旨在促进全社会增强生态环境保护意识，投身生态文明建设，在共建美丽中国的同时，进一步体现中国在全球生态文明建设中的重要参与者、贡献者、引领者作用，努力构建人与自然和谐共生的地球家园。

10. 第 11 届吴大猷科学普及著作奖公布评选结果

7 月 18 日，吴大猷科学普及著作奖公布评选结果，中国科学报社推荐的宋宁世著作《计量单进化史：从度量身体到度量宇宙》获创作类银签奖，李孝辉著作《时间的真相》获创作类青少年科普特别推荐奖。吴大猷科普著作奖是海峡两岸最重要的科普奖项之一，由吴大猷学术基金会主办，中国科学报社、Openbook 阅读志合办。在本届评选过程中，大陆地区共征集图书 298 册，台湾地区收到报名书籍 278 册。两地各自经过初评、复评，共推荐 20 本著作进入决选。

11. 2022年青少年高校科学营活动举办

7 月 20 日，中国科协、教育部共同主办的 2022 年青少年高校科学营全国开营式暨开营第一课活动在北京化工大学举办。北京大学、清华大学等北京营的 15 个分营代表和北京化工大学师生代表现场参加活动，面向全国青少年和社会公众直播，约 400 万人次在线观看。中国工程院院士、北京化工大学校长谭天伟出席活动。

12.《“十四五”国家科学技术普及发展规划》印发

8 月 4 日，科技部、中央宣传部、中国科协印发《“十四五”国家科学技术普及发展规划》。依据《中华人民共和国科学技术普及法》等编制的《“十四五”国家科学技术普及发展规划》，明确“十四五”时期国家科学技术普及发展的指导思想、主要目标、重要任务和保障措施。

13. 第 36 届全国青少年科技创新大赛举办

8 月 17 日，中国科协等单位主办的第 36 届全国青少年科技创新大赛线上展示交流活动在京启动，全国 31 个省（区、市）及新疆生产建设兵团的 520 项青少年科技创新成果作品和 285 项科技辅导员科技教育成果作品入围全国活动。

14. 2022年全国科技活动周活动举办

8 月 20 日，科技部、中央宣传部、中国科协联合主办的 2022 年全国科技活动周主场活动暨北京科技周在北京举办。中共中央政治局委员、中央宣传部部长黄坤明和中共中央政治局委员、北京市委书记蔡奇出席。活动以“走进科技　你我同行”为主题，重点展示重大科技创新成果，深入开展科技为民服务系列活动，充分激发全社会的创新创造热情，一批丰富多彩、各具特色的群众性科技活动在全国多地举办。全国人大常委会副委员长艾力更·依明巴海出席活动。

15. 第四届全国科学实验展演汇演活动举办

8 月 25 日至 9 月 1 日，科技部、中国科学院主办，中国科学技术大学承办的第四届全国科学实验展演汇演活动在线举办。全国 124 支代表队参赛，绍兴科技馆等 10 支代表队荣获一等奖。

16. 中共中央办公厅、国务院办公厅印发《关于新时代进一步加强科学技术普及工作的意见》

9 月 4 日，中共中央办公厅、国务院办公厅印发《关于新时代进一步加强科学技术普及工作的意见》，指出科学技术普及是国家和社会普及科学技术知识、弘扬科学精神、传播科学思想、倡导科学方法的活动，是实现创新发展的重要基础性工作。面对新时代、新要求，为进一步加强科普工作，提出 30 条意见，要求各地区、各部门结合实际认真贯彻落实。

17. 2022年全国科普日活动举办

9月15～21日，中国科协、中央宣传部、中央网信办、教育部、科技部、国家原子能机构等18部门联合举办的2022年全国科普日活动在全国各地启动。活动以“喜迎二十大，科普向未来”为主题，主场活动由中国科技馆区活动和北京科学中心区活动组成。

18. 2022世界粮食日暨全国粮食安全宣传周活动举办

10月16日是世界粮食日，主题为“不让任何人掉队。更好生产、更好营养、更好环境、更好生活。”国家粮食和物资储备局、农业农村部、教育部、科技部、国家国际发展合作署、全国妇联、联合国粮食及农业组织共同主办的2022年世界粮食日和全国粮食安全宣传周活动于10月10日在线上启动，宣传周主题是“保障粮食供给　端牢中国饭碗”。

19. 2022澳门科技周暨创科成果展举办

在科技部支持下，由澳门科学技术发展基金主办的“2022澳门科技周暨创科成果展”于10月20～23日在澳门举办。中国科学技术交流中心等组织了9项14件来自内地的展品亮相。

20. 第四届“一带一路”国际科普交流会召开

由科技部指导，中国科学技术交流中心主办的第四届“一带一路”国际科普交流会于12月6日以视频形式召开，主题为“科技创新与科学普及——科技传播与全球创新要素流动”。

21. 第十五届海峡两岸科普论坛举办

由中国科协指导，福建省科协、海南省科协、台湾《科学月刊》杂志社等两岸13家单位共同主办的第十五届海峡两岸科普论坛于11月3～4日以线上、线下相结合的形式在海南省海口市举办。论坛以“共享科普创新　深化融合发展”为主题，邀请中国科学院院士刘嘉麒等作主旨报告，聚焦热带高效农业与生态环境、海洋资源开发与利用等议题开展交流研讨。

22. 2022 年全国优秀科普微视频作品公布

科技部、中国科学院联合主办的 2022 年全国优秀科普微视频作品名单公布，共收到 815 部推荐、自荐作品，经专家评审，评选出《勇闯万米，“海斗一号”》等 100 部作品作为 2022 年全国优秀科普微视频作品。

23. 第五届全国科学实验展演汇演活动举办

由科技部和中国科学院主办、中国科学技术大学承办的第五届全国科学实验展演汇演活动于 12 月 19～27 日在线上成功举办，全国 45 家推荐单位的 127 支代表队齐聚云端“开赛”，为公众奉献了一场既有“趣”又有“料”的科学盛宴。中国科学院院士刘嘉麒担任评审组长，中国科学院理化技术研究所等 10 个代表队获得一等奖。

24. 第九届全国科普讲解大赛举办

12 月 21 日，科技部主办、广东科学中心承办的第九届全国科普讲解大赛在线上举办，主题为“走进科技 你我同行”，来自全国各地、有关部门的 76 个代表队、249 名选手通过网络视频连线的方式，为公众直播呈现了一场生动有趣、精彩纷呈的“科普饕餮盛宴”。交通运输部代表队白响恩等 10 名选手脱颖而出，赢得大赛一等奖，被授予“全国十佳科普使者”称号。

25. 第五届中国科普研学大会召开

由中国科技新闻学会、中国青少年科技辅导员协会等共同主办的第五届中国科普研学大会于12月25～26日在线上举行，近百名科技、科普、文化、教育领域专家探讨如何让科普研学资源更好地助力“双减”工作。

26. 科技部发布 2021 年度全国科普统计数据

12 月 30 日，科技部发布 2021 年度全国科普统计数据。2021 年，我国科普事业持续健康发展，科普经费增长显著，科普场馆建设持续推进。全国科普工作经费筹集规模为 189.07 亿元，比 2020 年增长 10.10%；全国人均科普专项经费 4.71 元，比 2020 年增加 0.54 元；全国共有科技馆和科学技术类博物馆 1677 个，比 2020 年增加 152 个，展厅面积增长 13.03%。

27. “典赞·2022科普中国”

“典赞·2022 科普中国”活动由中国科协、科技部、中国科学院、中央广电总台等联合主办，中国工程院院士龙乐豪、袁亚湘等入选“十大科普人物”；《医学的温度》图书等作品入选“十大科普作品”；“吃素就不会得脂肪肝”等谣言入选“十大科学辟谣榜”。

2023 年

1. 习近平总书记指示要在教育“双减”中做好科学教育加法

2 月 21 日，习近平总书记在主持召开中共中央政治局第三次集体学习时强调，要加强国家科普能力建设，深入实施全民科学素质提升行动，线上线下多渠道传播科学知识、展示科技成就，树立热爱科学、崇尚科学的社会风尚。要在教育“双减”中做好科学教育加法，激发青少年好奇心、想象力、探求欲，培育具备科学家潜质、愿意献身科学研究事业的青少年群体。习近平总书记最后强调，各级领导干部要学习科技知识、发扬科学精神，主动靠前为科技工作者排忧解难、松绑减负、加油鼓劲，把党中央关于科技创新的一系列战略部署落到实处。

2. 2022 年度全国优秀科普作品名单公布

3 月 13 日，科技部公布 2022 年度全国优秀科普作品名单。收到各地方、有关部门共推荐作品 484 部（套）作品，经形式审查、专家评审，张藜、任福君主编，北京少年儿童出版社、北京出版集团出版的《“共和国脊梁”科学家绘本丛书》（8 册）等 100 部（套）作品被评为 2022 年全国优秀科普作品，向社会推荐阅读。

3. 第 63 个世界气象日活动举办

3 月 23 日是第 63 个世界气象日，主题为“天气气候水，代代向未来”。中国气象局、中国气象学会在北京启动2023年世界气象日纪念活动，围绕“气象科技助力乡村振兴”主题，加强气象科普宣传，同日，中国气象局园区和全国各地气象台站及各类气象科普场所向社会开放，以公众喜闻乐见的方式加强气象科普宣传，推进气象科普进机关、进学校、进农村、进社区、进企事业单位。

4. 第54个“世界地球日”活动举办

4月22日是第54个“世界地球日”，自然资源部、福建省人民政府在福州共同举办地球日主场活动，围绕“珍爱地球 人与自然和谐共生”主题开展宣传活动。旨在引导全社会树立“尊重自然、顺应自然、保护自然”的生态文明理念，推动建设美丽中国，共同构建人与自然和谐共生的地球家园。

5. 第八个中国航天日活动举办

4月24日，“中国航天日”主场活动在安徽省合肥市举办，主题为“格物致知，叩问苍穹”，国家航天局和中国科学院联合发布中国首次火星探测火星全球影像图。这份彩色影像图由“天问一号”获取的14 757幅影像数据处理而成。“天问一号”获取的科学探测数据，为人类深入认识火星作出中国贡献。中国航天发射次数2022年达到64次，再创历史新高。

6. 第15个全国防灾减灾日科普活动举办

5月12日是第15个全国防灾减灾日，5月6～12日为防灾减灾宣传周，主题是“防范灾害风险 护航高质量发展”。各地区、有关部门突出主题、创新形式，精心组织开展防灾减灾宣传教育活动，努力营造人人讲安全、个个会应急的良好氛围，凝聚“防患于未然”的社会共识。

7. 中国科学院第十九届公众科学日举办

5月13日，中国科学院第十九届公众科学日开启，活动以“遇见科学、预见未来”为主题，组织500多场活动、100多个国家科研机构对公众开放，科研机构、科技人员发挥在科普中的主力军作用，在全社会弘扬科学精神、营造科学氛围。

8. 教育部等部门印发《关于加强新时代中小学科学教育工作的意见》

5 月 17 日，教育部等 18 部门联合印发《关于加强新时代中小学科学教育工作的意见》，深入贯彻习近平总书记在第二十届中共中央政治局第三次集体学习时的重要讲话精神，系统部署在教育“双减”中做好科学教育加法，支撑服务一体化推进教育、科技、人才高质量发展。

9. 2023 年全国科技活动周举办

5 月 20 日，2023 年全国科技活动周暨北京科技周启动式在京举办，中共中央政治局常委、国务院副总理丁薛祥与中共中央政治局委员、北京市委书记尹力，中共中央政治局委员、中央宣传部部长李书磊出席，一起观看科技周活动宣传节目。丁薛祥等参观展区，认真听取情况介绍，察看人工智能、集成电路、生物医药、核电装备等领域创新成果，了解有关大科学装置运行情况，询问自主创新成果产业化应用情况，与科技工作者互动交流。

10. 第 52 个世界环境日活动举办

6 月 5 日是第 52 个世界环境日，是第 9 个中国环境日，主题为“建设人与自然和谐共生的现代化”。各地举办相关宣传活动，旨在促进全社会增强生态环境保护意识，投身生态文明建设，共建美丽中国。地球是我们赖以生存的家园，保护地球生态环境就是保护我们自己。

11. 2023 年全国优秀科普微视频作品

科技部、中国科学院联合主办的 2023 年全国科普微视频作品大赛公布获奖名单。《高速铁路自动驾驶系统》《中国熊猫》《天问一号到达火星后要开展哪些工作》《气候变化中的海洋》等 100 部优秀作品获全国优秀科普微视频奖。

12. 习近平总书记对科技工作者支持和参与科普事业提出殷切期望

7 月 20 日，习近平总书记给“科学与中国”院士专家代表回信，对科技工作者支持和参与科普事业提出殷切期望。习近平总书记在回信中说，多年来，你们积极参加“科学与中国”巡讲活动，广泛传播科学知识、弘扬科学精神，在推动科学普及上发挥了很好的作用。习近平总书记指出，科学普及是实现创新发展的重要基础性工作。希望你们继续发扬科学报国的光荣传统，带动更多科技工作者支持和参与科普事业，以优质丰富的内容和喜闻乐见的形式，激发青少年崇尚科学、探索未知的兴趣，促进全民科学素质的提高，为实现高水平科技自立自强、推进中国式现代化不断作出新贡献。

13. 2023年青少年高校科学营举办

7月21日，中国科协、教育部共同主办的2023年青少年高校科学营全国开营式暨“全国中学生同上一堂暑期科学课”在中国农业大学举办。活动组织1万余名海峡两岸及港澳青少年以线上、线下相结合的方式走进72家重点高校、科研院所、企业的全国分营，参加为期一周的科技与文化交流活动。

14. 全国中小学教师科学素质提升培训启动

教育部、中国科学院等共同实施2023年全国中小学教师科学素质提升培训，其中“馆校合作中小学教师科学教育实践能力提升”项目开班式于8月1日在京举行。培训班以各地科技馆为主会场，邀请高校、科研院所相关专家与科技馆资深科技辅导员联合授课，结合中小学科学教师专业发展需着重强化的教育实践能力，依托科技馆体系科普资源优势实施。

15. 2023年全国文化科技卫生“三下乡”集中示范活动举办

8月15日，中央宣传部、中央文明办等在青海省海北藏族自治州刚察县举行2023年文化科技卫生“三下乡”集中示范活动。来自宣传、文化、科技、卫生等部门的专家和志愿者在现场提供各类服务，中央宣传部和中央文明办向刚察县赠送基层文化建设资金。

16. 第37届全国青少年科技创新大赛

8月25日，以“创新、责任、诚信、合作”为主题的第37届全国青少年科技创新大赛在武汉光谷科技会展中心圆满落幕。本届大赛共吸引来自国内近800名青少年和科技辅导员及来自13个国家的50余名国际代表参赛，442项青少年科技创新成果竞赛作品和202项科技辅导员科技教育创新成果入围终评。最终评选出“十佳优秀科技辅导员”10人，科技辅导员创新作品一等奖24项、二等奖57项、三等奖81项，国内外青少年创新作品一等奖58项、二等奖129项、三等奖182项，并在一等奖项目中评选出大赛最高奖“中国科协主席奖”4项。

17. 国家自然科学基金委员会发布《国家自然科学基金委员会关于新时代加强科学普及工作的意见》

9月15日，国家自然科学基金委员会发布《国家自然科学基金委员会关于新时代加强科学普及工作的意见》强调科学基金科普工作要“以让基础研究走进社会、让社会理解基础研究为主题，以科学基金资助创新项目资源科普化为主线”，提出加强项目支持、打造“科学基金科普在行动”品牌、构建科普宣传矩阵等加强科学基金科普能力建设的若干政策引导型举措。

18. 2023年全国科普日活动举办

9月16日，2023年全国科普日主场活动在北京市首钢园开启，以“提升全民科学素质，助力科技自立自强”为主题，中共中央政治局常委、中央书记处书记蔡奇于9月18日参加全国科普日主场活动。蔡奇参观了“领航掌舵铸辉煌”“自信自立强国梦”“科学技术惠民生”展区，了解科普事业发展成效，察看深空探测、载人航天、石油化工、乡村振兴等专题展项，与科技工作者亲切交流。中共中央政治局委员、中央宣传部部长李书磊参加活动。

19. 2023世界公众科学素质促进大会举办

9月19日，中国科协、中国科学院、北京市人民政府共同主办的2023世界公众科学素质促进大会在北京开幕，主题为“提升科学素质，共建繁荣世界——携手同行现代化之路”。

20. 财政部、税务总局发布《关于延续实施宣传文化增值税优惠政策的公告》

9 月 22 日，财政部、税务总局发布《关于延续实施宣传文化增值税优惠政策的公告》（财政部 税务总局公告 2023 年第 60 号），为促进我国宣传文化事业发展，现将实施宣传文化增值税优惠政策延续至 2027 年 12 月 31 日前，执行下列增值税先征后退政策。①包括对相关出版物在出版环节执行增值税 100%先征后退的政策；②对相关出版物在出版环节执行增值税 50%先征后退的政策；③对相关印刷、制作业务执行增值税 100%先征后退的政策；④免征图书批发、零售环节增值税；⑤对科普单位的门票收入，以及县级及以上党政部门和科协开展科普活动的门票收入免征增值税。

21. 国家新闻出版署首次公布“优秀科普期刊”与“期刊优秀科普专栏”

为积极落实中央办公厅、国务院办公厅印发的《关于新时代进一步加强科学技术普及工作的意见》，国家新闻出版署首次组织开展“优秀科普期刊”与“期刊优秀科普专栏”推荐活动，于 10 月 11 日公布《中国国家地理》等 20 种科普期刊和《半月谈》的“科技 · 文化”专栏等 20 个期刊科普专栏入选推荐名单。

22. 第十六届海峡两岸科普论坛举办

10 月 11 日，第十六届海峡两岸科普论坛在甘肃省张掖市举行，海峡两岸 300 余名专家学者出席论坛。论坛由甘肃省科学技术协会、福建省科学技术协会、台湾元智大学等单位共同主办，以“科普共享 两岸融合”为主题。各方就合作拍摄科幻电影、人工智能产业合作发展、两岸文创类产业交流等事项进行了交流。

23. 2023 年世界粮食日和全国粮食安全宣传周活动举办

10 月 16 日是第 43 个世界粮食日，主题为“水是生命之源，水是粮食之本。不让任何人掉队”。国家粮食和物资储备局、农业农村部、教育部、科技部、全国妇联、联合国粮食及农业组织于 10 月 16 日在江苏南京主办活动。全国粮食安全宣传周主题是“践行大食物观 保障粮食安全”。

24. 2023 澳门科技周暨创科成果展举办

科技部支持，澳门科学技术发展基金主办的“2023 科技周暨创科成果展”于 10 月 19～22 日在澳门举办，期间组织澳门 26 项科研成果及 25 家科技企业，与内地的创新主体进行约 320 场会面洽谈。“2022 年度科研项目结题展暨学术报告会”向公众展示获科技基金资助的项目成果，帮助内地科研人员了解澳门科研实力。

25. 第五届“一带一路”国际科普交流会举办

10 月 21 日，第五届“一带一路”国际科普交流会在武汉成功举办。来自中国、泰国、马来西亚、新加坡、阿联酋、俄罗斯、罗马尼亚等 11 国科研、教育和传播界的 100 多位代表通过线下和线上方式参会。“一带一路”科普展同步举办，来自泰国、马来西亚、阿联酋、俄罗斯、意大利、西班牙、荷兰等国家的 9 家科学普及和传播机构的 22 名科普专家应邀参展，展示了 100 多个展项。

26. 第十届全国科普讲解大赛举办

科技部主办的第十届全国科普讲解大赛于 11 月 9～10 日在广州举办。大赛以“热爱科学 崇尚科学”为主题，来自各地相关部门的 265 名选手从 1000 多场比赛、4 万多名选手中脱颖而出，参赛选手数量再创历史新高。云南代表队刘菲等 10 名选手荣获大赛一等奖，被授予“全国十佳科普使者”称号。

27. 第六届全国科学实验展演汇演活动举办

科技部、中国科学院主办的第六届全国科学实验展演汇演于 11 月 16～17 日在中国科学技术大学举办，来自全国 54 家单位推荐的 160 支代表队现场竞技。上海市科委等 10 家参赛单位获一等奖，黑龙江省公安厅和北京市北海公园管理处代表队的《无所遁形》《一朵飞天遁地的莲》分别获得专项奖的最佳创意实验奖和最佳表演奖，广东科学中心代表队的《“曲”遇记》同时获得了这两个奖项。

28. 2023“科学与中国”院士专家巡讲团走进“香港科创大讲堂”活动

11月21～24日，中国科学院联合中央人民政府驻香港特别行政区联络办公室举办2023“科学与中国”院士专家巡讲团走进“香港科创大讲堂”活动，院士专家实地走进香港35所中小学作科普报告，直接受众近2万人次。杨玉良、武向平、周忠和、翟明国、翟婉明、种康、赵国春、封东来等8位院士出席活动。

29. 2023年全国科学脱口秀大赛举办

11月24日，由长三角科普场馆联盟、江苏省广播电视总台主办的“2023全国科学脱口秀大赛”决赛在江苏省广播电视总台落下帷幕，来自全国各地的31部科学脱口秀作品进入决赛。上海天文馆王雨涵《跟拖延症说不》等6部作品荣获一等奖。

30. 2023“一带一路”科普场馆发展国际研讨会召开

11月29日，中国自然科学博物馆学会主办的2023“一带一路”科普场馆发展国际研讨会在北京隆重开幕，主题为“科普场馆STEM教育让生活更美好”。来自多个国际组织和20余个国家科普场馆及机构的240余位代表齐聚中国科技馆，共话后疫情时代科普场馆STEM教育新理念、新思路、新举措。

31. 科技部发布2022年度全国科普统计数据

统计数据表明，2022年全国共筹集科普工作经费191.00亿元，全国人均科普专项经费5.30元，全国科技馆和科学技术类博物馆1683个，2022年全国科普专、兼职人员199.67万人；电视台播出科普（技）节目总时长18.81万小时，广播电台播出科普（技）节目总时长16.46万小时，科普期刊发行

8301.82 万册，科普图书发行 1.04 亿册，科技类报纸发行 8384.24 万份；2022 年全国各部门共组织线上线下科普（技）讲座 110.10 万次，吸引 23.19 亿人次参加；科研机构和大学向社会开放 6457 个，共接待访问 1614.96 万人次。

32. 科技部公布 2023 年度全国优秀科普作品名单

2023 年度全国优秀科普作品推荐活动得到各地方、各部门的高度重视和积极响应，共收到 475 部（套）作品。经形式审查、网络和会议评审并公示无异议后，共评出郭睿、高芫赫、时光（著），湖南科学技术出版社出版的《中国空间站：我们的太空家园》等 100 部（套）作品为 2023 年度全国优秀科普作品。

33. 科技部、中国科学院公布 2023 年度全国优秀科普微视频作品名单

2023 年度全国科普微视频大赛活动得到各地方、各部门的积极响应，共收到各地方、各部门推荐和社会机构、个人自荐作品 813 部。经形式审查、专家评审和公众评选网络投票，评选出北京启辰生生物科技有限公司、光明网科普事业部创作的《mRNA 疫苗从军记》等 100 部作品为 2023 年度全国优秀科普微视频作品。

（邱成利、彭明琼）

编者说明

本书编写得到各方面专家的大力支持与参与，共同研究确定编写大纲，并征求了中国科学院学部工作局意见。在编写过程中，征求了中央、国务院有关部门及专家的意见。

中国科学院学部工作局审定报告文本，并提出修改意见与建议。

邱成利、汤书昆负责报告大纲的撰写、各部分内容修订及报告全部内容的统稿。

具体编写分工如下：

第一部分撰稿人　　邱成利、李雅清；

第二部分撰稿人　　邱成利、魏永莲、张婷婷；

第三部分撰稿人　　盖　宇、侯俊琳；

第四部分撰稿人　　邱成利；

第五部分撰稿人　　童　云；

第六部分撰稿人　　何　勇、曹瑞玥、张晶晶；

第七部分撰稿人　　朱松松、褚建勋；

第八部分撰稿人　　王玉蕾、朱雨琪；

第九部分撰稿人　　屈思雨、王晨阳；

第十部分撰稿人　　何　勇、王滋淳、蒋　锐；

第十一部分撰稿人　梁　琰、焦雨辰、刘　超；

第十二部分撰稿人　彭明琼、邱成利；

第十三部分撰稿人　汤书昆、郑　斌、陈登航；

第十四部分撰稿人　周荣庭、柏江竹；

第十五部分撰稿人　朱　赟、汤书昆；

大事记部分撰稿人　邱成利、彭明琼。

袁岚峰参与报告大纲讨论，并对报告文稿提出许多建议，在此表示衷心感谢。

本报告在编写过程中，得到有关部门、地方、专家的大力支持和指导，收到了许多很好的意见和建议，对本报告的编写大有裨益，在此一并致谢。

科学传播范围广泛，传播形式丰富多样、不断创新，相关活动信息及成果、数据等收集难度较大，本书难免有遗漏和不足之处，请广大专家、学者批评指正。